BRAHTAHA

Herausgeber
Autoren-Team Brachttal
Christa Weismantel

AF210911

Solange die Botschaften der Schönheit,
Freude, Kühnheit und Größe Dein Herz
erreichen, solange bist Du jung.

Albert Schweitzer

2

Autorenteam Brachttal

BRAHTAHA

Gedichte und Geschichten
Brachttaler Senioren

Titelfoto : Eberhard Traum, Brachttal
Textbearbeitung : Ana Niculina Geiger und
Eberhard Traum, Brachttal

Bibliographische Information
der Deutschen Bibliothek

Die Deutsche Bibliothek verzeichnet diese
Publikation in der Deutschen Nationalbibliografie ;
detaillierte bibliografische Daten
sind im Internet über http://dnb.ddb.de abrufbar.

ISBN 978-3-8370-7065-1

Herstellung und Verlag
Books on Demand GmbH, Norderstedt

© 2008 Autorenteam, Brachttal
Christa Weismantel

VORWORT

Als Sprecherin des Kultur- und Gesprächs-
kreises Brachttal, möchte ich mich bei allen
Seniorinnen und Senioren bedanken, die sich in
unserem Literatur-Workshop engagiert haben.
Unter dem Arbeitstitel „Senioren schreiben für
Senioren" wollten wir Geschichten aus der
Region zu Papier bringen.
Großer Ideenreichtum der Seniorinnen und
Senioren wurde mit viel Fleiß, unter der
Mithilfe von Ana Niculina Geiger und Eberhard
Traum, in ein Konzept gepackt und schließlich
druckfertig.

Kleine Beiträge und Gedichte wurden geliefert,
die sich mit den Ereignissen des Alltags
beschäftigen. Aus der Region allgemein, aber
speziell mit Erlebnissen in und um Brachttal.
Bei den unterhaltsamen Treffen sorgte auch
viel Spaß für eine lockere Atmosphäre.
Letztendlich konnten wir ein kleines Büchlein
herstellen, dessen Verkaufserlös die Senioren-
arbeit in der Region und in Brachttal
unterstützen soll.

Christa Weismantel

ÜBERSICHT

Die schreibenden Seniorinnen und Senioren in alphabetischer Reihenfolge

----

Berting, Erika
Bohnenberger, Minnes

Geiger, Ana Niculina (*als beratendes Mitglied für Text und Themenauswahl*)

Leis, Christa
Leo, Christel
Materne, Ingrid
Schindler, Sigrid
Schneider, Gisa
Stückrath, Renate

Traum, Eberhard (*als beratendes Mitglied für Text und Themenauswahl*)

Tzschietzschker, Elfriede
Weismantel, Christa
Weismantel, Heinz-Jürgen
Weismantel, Magdalena
Wöller, Irmgard †

Seniorengruppe aus Brachttal
von links stehend: Ingrid Materne,
Christa Weismantel, Heinz-Jürgen Weismantel,
Ana-Niculina Geiger.
von links sitzend: Gisa Schneider, Christa Leis,
Minnes Bohnenberger, Christel Leo

Schlierbacher Heimatgruß

Wo sich im Vogelsberg das schöne Brachttal dehnt,
von Laub- und Tannenwäldern so verschönt,
wo das Flüsschen plätschert friedlich durchs Land,
liegt ein Dörfchen, das Schlierbach wird genannt.

Wo das stille Dorf sich streckt im Wiesengrund,
verlebten wir manch' frohe Stund'.
Wo in gepflegten Gärten schmucke Häuser steh'n,
blühen Blumen, in Vielfalt und bezaubernd schön.

Wenn die Sonne sendet ihren goldenen Schein,
wandert man gern in den Wald hinein.
Die Vögel in den Bäumen singen ein trautes Lied,
lässt ruhig dich träumen, weil jede Sorge flieht.

Der Blick von der Höh' auf das schöne Bild,
jeden Wanderer mit stolzer Freud' erfüllt.
Felder und bunte Wiesen, die man nie vergisst,
eine geliebte Heimat. die in der Ferne man vermisst.

Und musst du einmal weg von diesem Ort,
lebt das Bild im Herzen fort.
Wie das kleine Dörfchen, rein von Schmutz und leer,
sei stets dein Handeln - mach deiner Heimat Ehr' !

Irmgard Wöller, 1957
überarbeitet von Sigrid Schindler,
Schlierbach

9

Am Ufer der Bracht

Der kleine Garten hinter dem Haus wäre, wegen seiner Waldnähe, eigentlich gar nicht nötig, wenn er nicht meiner Frau spitze Jubelschreie entlocken würde. Sie ist eine Wühlmaus und braucht die Krume hinterm Haus, um vollends glücklich zu sein.

Ich denke da eher an den Rasen, der ab und an gemäht werden muss. Aber da habe ich einen Trick, denn für die kleinen Tiere wird immer 50% der Fläche als Wildwiese stehen gelassen. Und das trifft ganz genau die Liebe zur Natur, die meine Frau so auszeichnet.

Ich ziehe es dafür vor, an den nahen Bach zu gehen und mich still den seichten und leisen Wellen hinzugeben. In der Stille liegt die Kraft – oder heißt es in der Ruhe ? Egal, ich genieße die kleinen Wellen, die manchmal rollenden Kiesel und die flinken kleinen Forellen.

Meine Spaziergänge entlang des Bachufers werden nur deshalb unterbrochen, um die Schönheiten der wilden Natur zu genießen. Abstraktes und Reales, vereint und gleich-berechtigt nebeneinander. Ruhe einflößend.

Bereits beim Gang über den schmalen Pfad, der bis an den Rand der Böschung reicht, betrachte ich die langen Gräser und Blumen, die sich, um zu existieren, mühevoll den Weg durch die Steine gesucht haben.

Ich vermeide es aus Respekt vor deren Anstrengung, sie mit einem einzigen Fußtritt auf den Boden zu drücken. Ich empfinde es als ihren Dank, wenn sie, vom Wind bewegt, sanft meine Beine berühren.

Alles hat seine Daseinsberechtigung, niemand hat das Recht, mutwillig zu zerstören. Ich hasse dieses zweifelhafte Privileg des Menschen, nur sich selbst zu sehen und zu akzeptieren. Ein weiterer Grund meiner Spaziergänge ist es, meine Gedanken zu ordnen, den Kopf zu „reinigen" und Abstand zu den wichtigen und unwichtigen Dingen zu gewinnen.

Ich klettere die kleine Böschung hinunter ans Wasser und setze mich auf einen großen Felsbrocken, direkt über dem Wasser, das mich unruhig umspült. Einen Steinwurf entfernt stemmt sich trotzig eine Steinformation gegen die Wassermassen, die gegen die Brocken klatschen. Mit Erfolg.

Beruhigt fließt das Wasser rechts und links vorbei, um dann wieder Fahrt aufzunehmen.

Diese Aufgewühltheit und gleichzeitige Ruhe lädt ein zum Träumen.

Es gab einen Moment im Flusse der Zeit,
da alles zusammen war.
Der Duft der Blumen war die Sonne,
die Sonne der Duft der Blumen.

Die Wolken waren unser Gefährt,
die Wellen unsere Musik.
Das Rauschen die Harmonie –
es gab einen Moment im Flusse der Zeit.

Waldduft, Windgeräusche, einfallende Sonnenstrahlen zwischen den Bäumen und die unendliche Einsamkeit, vermischen sich zu einer Openair-Veranstaltung, die ihresgleichen sucht.

Die Sonne ist aus unerklärlichen Gründen dabei, sich ganz eilig zu verabschieden. Die in seltsames Licht getauchte Weltbühne wird wie mit einem Dimmer abgedunkelt. Ein Szenarium ganz besonderer Art, das mich fesselt und auch abstößt. Da streiten sich die Gedanken.
Ganz leichter Nieselregen legt sich kaum merklich auf mein Gesicht.
Der kaum spürbare Wind kühlt und vertreibt für Augenblicke meine Konzentration.

Eingetaucht in eine mich umgebende unsichtbare Hülle, verharre ich auf dem Felsblock.

Ein Grummeln im Bach fordert plötzlich meine Aufmerksamkeit. Kleine Steine haben sich gelöst und werden vom wilden Bach mitgerissen. Es sind die unterschiedlichsten Töne dabei, die sich in ständigem Wechsel verändern und uns fesseln. Dann wieder Ruhe und wir müssen warten, bis sie sich erneut zu Gehör bringen.

Etwas enttäuscht darüber, dass am heutigen Tage das Wetter sich rasch ändert, bin ich von meinem kleinen Felsbrocken aufgestanden und habe den Heimweg angetreten.

Mein Blick senkt sich zu Boden, den sicheren Pfad zwischen Geröll und einzelnen großen Steinen zu finden. Ich musste leider feststellen, dass es mir nicht gelungen war, trotz Vorsicht, zarte Gräser und Blumen zu verschonen. Auf meinem Weg, die Böschung hinunter zum Wasser, hatte ich doch einige von ihnen umgetreten.

Vor mir richtete sich mühsam eine Blume auf.

Sie hatte sich inzwischen erholt und reckte trotzig den Kopf gen Himmel.

Ohne weiteres liegen bleiben wollte sie nun doch nicht.

Ein Beispiel dafür, bezogen auf die eigene Lebenssituation, nicht zu resignieren, wenn man einmal zu Boden gedrückt wurde.

Aufkommende Kühle hüllte mich ein und klammerte sich an mir fest. Mein Gang wurde schwerer. Morgen, wenn die Sonne aufgeht, werden meine Gedanken wieder ganz andere sein.

In die Rinne rollt der Regen - ruhelos.
Wie es singt, wie es klingt -
Rausch und Braus,
ich bin zuhaus'.

Schon kommt die Sonne in mein Ich.
Die Euphorie, es zu begreifen,
lässt die Melancholie reifen.
Die beiden Welten streiten sich.

Eberhard Traum,
Schlierbach

Abschnitt der Bracht bei Schlierbach

Beginn einer langen Reise

Wer sagt eigentlich, dass der Herbst keine schönen Tage hat ? Alles wird zwar etwas ruhiger, weil die Ernte eingebracht ist und das Laub bereits von den Bäumen fällt, aber dafür eröffnen sich andere Möglichkeiten.

Eine davon ist, dass die Großväter sich mit den Enkeln beschäftigen und Spaziergänge unternehmen. Und wenn das gleich nach dem Frühstück passiert und Ankündigungen von spannenden Überraschungen damit verbunden sind, können sie es kaum erwarten, mit dem Opa aufzubrechen.

Die Morgen sind kühl und etwas grau, und geheimnisvolle weiße Schleier liegen über den feuchten Auen an der Bracht. Auf dem Weg dorthin, dort wo die große Brücke sich befindet, fliegen krächzend die Raben über die Häuser und Wiesen. Der Wind bewegt die Büsche, die in den Nebelschwaden unheimlich wirken, wie Gespenstergestalten.

Manchmal sieht man einen Reiher regungslos am Bachufer stehen. Die Herbstzeitlosen stehen so dicht, dass man es nicht vermeiden kann, sie auf den Boden zu treten.

Dem Reiher musste es ähnlich unheimlich vorgekommen sein, als der Opa mit seinen drei Enkeln plötzlich aus dem Nebel auftauchte. Er erhob sich und flog geräuschlos davon.

Die Kleinen, die um ihren Opa rumtollen, sehen mit ihren roten Anoraks, den Zipfelmützen auf dem Kopf und den Gummistiefeln aus, als wären sie Zwerge, die um den Riesen tanzen.

Sie erreichen die Brücke und betrachten, wie unter ihnen mit silbernen Strudeln der Bach über die hellen Kieselsteine rauscht.

„Wollen wir kleine Schiffchen hineinwerfen und sie auf die Reise schicken?"

Der Opa hatte die gleiche Idee wie seine Enkel. Flugs sammelten sie kleine Hölzchen, denen sie Schiffsnamen gaben. Auf der einen Seite der Brücke hinein in die Bracht, schnell auf die andere Seite der Brücke rennen und sehen, welches Schiffchen schneller ist. Da schwammen sie dann eilig davon, die „Marco Polo" dicht neben der „Santa Maria" oder der „Kontiki".

„Und wo schwimmen die jetzt hin?" fragten sie den Opa. Der wusste natürlich genau, wo sie hinschwimmen werden und erzählte es ihnen.

„Erst einmal müssen sie den langen Weg durch die Bracht überstehen."

Das konnten die Enkel noch nachvollziehen, denn den Weg kannten sie alle.

„Wenn sie dann in die Kinzig einbiegen, geht es langsam, weil die Kinzig breiter ist und nicht so wild wie die Bracht, bis in den Main. Der ist noch größer und länger. Und kein Mensch wird die „Santa Maria", „Marco Polo" oder die „Kontiki" sehen – wahrscheinlich. Dann gelangen sie in den Rhein, und der Fluss ist noch einmal größer und viel länger. Wenn sie dann nach vielen Tagen in der Nordsee ankommen, fahren die großen Schiffe achtlos an ihnen vorbei, denn in der großen See sind eure Schiffchen nicht mehr zu erkennen. Aber ihnen steht die ganze Welt offen. Wer weiß, welches Schiffchen wo landen wird."

Begeistert hörten die Enkel dem Opa zu und freuten sich darauf, weil er ihnen auf einer Weltkarte zeigen wollte, wo die Schiffchen sich vielleicht bald befinden werden.

„Wir hätten eine Nachricht anbinden müssen, damit am Ziel die Leute wissen, dass unsere Schiffchen in der Bracht losgeschwommen sind", meinten die Enkel.

„Eine gute Idee, das nächste Mal", versprach der Opa ihnen.

Christa Weismantel,
Schlierbach

Mein Baum

Der Baum, von unschätzbarem Wert,
wird von uns Menschen sehr begehrt.
Dazu die Sonne hoch am Himmelszelt,
ist das nicht eine schöne Welt ?

Wenn im Frühling die Natur erwacht,
das frische Grün mir Freude macht.
Dann gehe ich im Wald spazieren,
um Sauerstoff zu inhalieren.

Das Wandern tut dem Körper gut,
doch bin ich trotzdem auf der Hut.
Mein Baum, der mich vor Sonn' und Regen schützt,
ihn meide ich, wenn's kräftig blitzt.

Das Holz der Bäume, das ist wahr,
sorgt für Gemütlichkeit sogar.
Denn die Möbel, die mich rings umgeben,
verdanke ich der Bäume Leben.

Nur meinem Baum, der kühlen Schatten spendet,
dem wünsche ich, dass er mal nicht so endet.
Er soll mir jeden Tag im Leben zeigen,
dass ich geschützt bin unter seinen Zweigen.

Minnes Bohnenberger,
Schlierbach

Ein Wunsch für den Garten

Der Wunsch eines Städters ist es, auf dem Land in unberührter Natur, ein Haus zu haben, mit einem schönen Garten. Für mich sollte sich dieser Wunsch erfüllen, als mein Mann und ich von Offenbach nach Schlierbach zogen. Ich wohnte direkt in Waldnähe, in einem Idyll.

Den Garten, wo ich walten und gestalten konnte, hatte ich also und pflegte ihn mit Freude. Nur die Nachbarn und andere Eingesessene konnten meine Freude nicht so recht teilen. Ich wurde beguckt, aber es wurde auch weggeguckt. In mir tobte die Enttäuschung. Ich hatte einen Wunsch erfüllt bekommen, und nun das.
Wenn ich die grußlosen Nachbarn sah, konnte ich direkt erkennen, was sie dachten : „Schon wieder ziehen Fremde in unseren Ort !"
Mein Mann sagte, dass es nur hilft, aus dieser Situation herauszukommen, wenn man die Leute mal persönlich anspricht. Und dazu brauchte ich einen Hund, der beste Kommunikationsgrund zwischen den Menschen. So geschah es auch.
Die Spaziergänge mit unserem Ullys, so hieß der Vierbeiner, wurden durch Schönheiten der Umgebung bereichert.
Im Frühling blühende Wiesen und Obstbäume.

Im Winter klare Luft und weiße Pracht, wie es das in den Städten nur gab, wenn es gerade geschneit hatte. Und an meinem Spazierweg stand in einer Wiese eine wundervolle Eiche, der meine ganze Bewunderung galt.

Zu Beginn, wenn es Richtung Wald ging, stand da eine alte Kirche, mit ungepflegtem Umfeld, scheußlich anzusehen. Das alte Gemäuer wirkte bei Dunkelheit gespenstisch. Aber ich musste da vorbei. Gut, dass mich Ullys begleitete.

Dank unseres treuen Vierbeiners, wurde der Weg ein Hauptbestandteil meines Lebens in Schlierbach. Denn am Wegrand lag ein sehr großer Sandsteinblock, das typische Gestein dieser Region.

Ich liebte diesen Stein, wie auch Ullys, denn sein Bein hob er da besonders gern. Ich wollte den großen Block unbedingt in unserem Garten haben.

Alle Ideen, ihn zu transportieren, zerschlugen sich. Das Gewicht war einfach zu groß. Mein Traum vom Steinblock im Garten war schnell geplatzt. Aber die Liebe zu ihm hatte Bestand, und ich durfte ihn jeden Tag bewundern, weil ich mit Ullys daran vorbeigehen musste.

Eines Tages im Spätherbst wollte Ullys schon früh nach draußen. In den Garten wollte er nicht, denn sein Zuhause verschmutzen tat er nie, außerdem waren die Düfte am Wegesrand zu verlockend.

An dem Morgen lag über dem Ort ein dichter Nebelteppich, man konnte kaum die Hand vor Augen erkennen. Ich leinte Ullys an, was sonst nicht nötig war. Plötzlich wollte er nicht weiter und es stellten sich seine Haare auf dem Rücken. Dann zeichnete sich mein Steinblock im Nebel ab, aber die Konturen waren anders, größer. Ich fürchtete mich etwas vor dem unbekannten Aussehen.

Ich zog Ullys trotzdem vorwärts, aber er wollte nicht und bellte sogar.

„Also gut, komm wir gehen heim", sagte ich zu ihm. In dem Moment bewegte sich ein Teil

meines Steinblocks. Ich vernahm eine Stimme :
„Ham se nich en Hut für mich ?"

Was für eine Überraschung, ich erkannte
sofort den Dialekt aus der Oberlausitz, meiner
Heimat. Der Mann kam näher, mein Ullys
beruhigte sich, weil auch er jetzt erkannte,
dass es ein Mensch war und kein Gespenst.

Der Mann war in einen viel zu weiten Mantel
gehüllt und saß vielleicht schon länger auf dem
Steinblock. Er fror und ich wollte ihm meine
Mütze geben.

Aber er wollte gern einen Hut. Der Mann tat
mir leid und ich wollte umgehend etwas
unternehmen. Ich ging nach Hause zurück und
traf auf dem Weg eine Nachbarin, der ich die
Geschichte erzählte.

Mein erstes längeres Nachbargespräch, das mir
gut tat. Beide überlegten wir, ob dem Mann
geholfen werden könnte, aber einen Hut hatte
sie auch keinen. Ich lief weiter nach Hause und
holte einen Hut von meinem Mann. Als ich
wieder bei meinem Steinblock eintraf, war der
Mann weg. Ich wusste nicht, woher er kam und
wohin er gehen wollte. Ich sah ihn nie wieder.
Dabei hätte ich ihm so gern geholfen.

Das Erlebnis hatte einen ganz besonderen
Nebeneffekt.

Ich hatte ab dem Tag Kontakt zu einer Nachbarin, die ich vorher nie zu Gesicht bekam.

Der Weg zum Wald hatte sich in den folgenden Jahren etwas verändert. Eine Kirche wurde neu gebaut, der Weg geteert, und einige Leute aus der Nachbarschaft hatten sich an mich und Ullys gewöhnt. Der große Sandsteinblock liegt noch immer am Weg.

Nur die Frage am Stein : „Ham se nich en Hut für mich ?", stellte mir nie mehr jemand. Der Hut allerdings liegt stets griffbereit in der Garderobe. Vielleicht, irgendwann im Herbst, wenn die Nebel gespenstisch wirken ....

Magdalena Weismantel,
Bad Soden

Diese Lumpen

Ein bisschen ist die folgende Geschichte mit dem Losholz verbunden, die ein betagter Bürger zur Verfügung stellte.

Losholz wurde es genannt, weil die Bürger verbilligtes Brennholz aus dem Staats- und dem Fürstlichen Wald erhielten. Sie mussten sich dafür melden (Losholz schreiben) und bekamen ein Los. Deshalb Losholz. Zu einem bestimmten Zeitpunkt wurde dann das Los gezogen und die Losbesitzer konnten sich Holz abholen.

Ein bisschen Glück gehörte dann dazu, denn es konnte sein, dass man sein Holz von weit her holen musste. Und die Qualität war auch wichtig. Buche ist besser als Eiche und Scheit besser als Knüppel. Das Holz sollte ja schließlich schön wärmen und die Wärme auch noch etwas halten. Aber es gab halt auch solche Bürger, die nicht weit gehen wollten und bedienten sich schon mal vorher an dem geschlagenen Holz.

Drei Männer aus Brachttal, unterschiedlichen Alters, haben sich deshalb getroffen, um sich, etwas außerhalb der Legalität, zusätzliche Anteile von Brennholz zu sichern.

Aber, wie das so ist, wurden sie zufällig beobachtet. Sicher von solchen, die ähnliches im Schilde führten. Die Anzeige folgte prompt.

Aber die drei Freunde schafften es noch, das Holz so gut zu versteckten, dass es niemand finden konnte. Wo kein Holz, da auch kein Diebstahl. Sie schworen sich vor der Gerichtsverhandlung, kein Wörtchen über das Holz und das Versteck zu verraten.

Die ersten beiden sagten dem Richter, dass sie weder etwas von geklautem Holz wüssten, noch von einer Stelle, an der es versteckt wurde.

„Warum sollten wir stehlen, wir haben doch selbst Lose !"

Der älteste von den drei Freunden kam als letzter zum Verhör vor den Richter.

Der gute Mann hielt dicht und sagte nichts. Der Richter konnte nicht, auch mit gutem Zureden, an die Wahrheit herankommen.

Bis dem Richter zum Schluss der Geduldsfaden riss und er dem verdutzten Mann erst ins Gewissen redete und ihn dann anschrie : „Reden sie doch endlich, machen sie es nicht noch schlimmer. Ihre beiden Freunde haben doch längst alles gestanden !"

Der Mann stand da, wie vom Donner gerührt, sagte eine Weile gar nichts und polterte dann aufgebracht los : „Diese Lumpen !"

Christa Weismantel,
Schlierbach

Schaffe schaffe, un nix esse

Lange dauerte es, bis ich endlich daran ging, unser leerstehendes Gästezimmer zu renovieren. Natürlich sollten auch gleich neue Möbel dafür gekauft werden. Ich stand mit meinem Mann in dem leeren Raum und wir überlegten, wie wir es schön aber auch effektvoll einrichten könnten.

Mein Mann war damit einverstanden, doch er sagte : „Kaufe aber nur Möbel, die geliefert und dann bei uns auch montiert werden !" Das war auch meine Idee, und ich machte mich auf den Weg zu einem Möbelhaus.

Was nicht abgesprochen wurde, war die Holzart. Das machte den Kauf besonders schwierig. Der Möbelberater war super und nach etwa drei Stunden war der Kauf perfekt.

Das mit dem Aufbau konnte auch gelöst werden, denn ein Liefer- und Aufbauservice ist für alle Fälle gerüstet und bleibt vor Ort, bis die letzte Schraube sitzt. Ich habe mich mit einem guten Gefühl und gut beraten wieder auf den Heimweg gemacht. Richtig glücklich berichtete ich zuhause von meinem „Schnäppchen".

Der Kommentar meines Mannes war nur : „Wenn du meinst !"

Den Tag der Lieferung erwartete ich freudig.

Aber es dauerte und dauerte. Wenn man an Feierabend denkt und es geht auf 16 Uhr zu, wird man schon unruhig - aber sie kamen. Die Befürchtung, dass eigentlich fast schon Feierabend war, zerschlug sich, denn die beiden kräftigen Männer würden das bisschen Möbel in ein bis zwei Stunden geschafft haben.

Für die Montage stellten wir unsere Garage zur Verfügung. Da konnte bei viel Platz gehämmert und geschraubt werden.

Nach einer kurzen Unterhaltung erfuhr ich, dass die beiden aus Polen und der Türkei stammten. Und sie legten los wie die Feuerwehr. Meine besorgte Frage, wenn ich von Zeit zu Zeit nach ihnen sah, ob sie nicht was trinken wollten, verneinten sie – immerhin hatten wir noch 25° im Schatten.

Nach zwei Stunden kam der Aufbau ins Stocken. Nichts passte mehr. Überall lagen Schrauben und Nägel, die Schranktüren lehnten an den Garagenwänden, und die beiden Männer studierten die Montageanleitungen, die in mehreren Sprachen gedruckt waren, aber Trotzdem nicht so einfach zu verstehen sind.

Außerdem fehlten wohl einige Zubehörteile.

Und das um 21 Uhr. Wo war nur die Zeit geblieben ?

Ich bat meinen Mann, einmal nach den beiden, die sehr mutlos dreinblickten, zu sehen und vielleicht behilflich zu sein. Ich fürchtete, dass unser Gästezimmer nicht mehr an dem Tag fertig werden würde.

Die Idee, meinen Mann als dritten Helfer zu motivieren, hatte Erfolg, denn die Arbeiten gingen weiter und machten auch wieder Fortschritte.

Aber viel mehr Sorgen machte mir, dass sie bis jetzt weder getrunken noch etwas gegessen hatten. Keinen Hunger und keinen Durst zu bekommen, nach so langer Zeit, das ist fast unheimlich. Ich sagte ihnen, dass ich sie, wenn die Möbel stehen, zu ein paar Rindswürstchen einladen möchte. Sie waren erfreut und sagten zu.

Ich legte für jeden drei Würstchen in den Topf und wartete auf meine Möbelmonteure, die dann auch bald kamen. Der Duft der Würstchen und meine energische Bitte, endlich etwas zu essen, machte ihnen Beine.

Trotzdem etwas zögerlich, setzten sie sich schließlich an den Küchentisch.

Was dann passierte, machte mich etwas ratlos, denn plötzlich hatte der Pole keinen Hunger mehr.

Und während ich ihn überzeugen wollte, etwas zu sich zu nehmen, ich wäre ja schon mit nur einer Wurst zufrieden gewesen, war der Türke bereits bei seiner dritten angelangt. Als er alle sechs gegessen hatte, holte er tief Luft, was ich schon vorher tun musste, und erklärte : „Das war die Rettung. Ich hatte heute noch nichts gegessen, denn es ist Ramadan !"

Der Pole schaute etwas betreten und meinte : „Ich hatte immer Angst, dass er mir zusammenklappt und in die gerade verschraubten Möbel fällt ! Können sie sich vorstellen, dass ich das einige Wochen durchstehen muss ? Aber wir sind eben seit langer Zeit ein Team. Wenn aber der Ramadan überstanden ist, bin ich zum Essen bei ihm eingeladen, und da bricht der Tisch zusammen."

Uns rührte die Kollegialität des Polen, der zufrieden war, dass nichts passierte und sich freute, dass sein Kollege wieder fit war. Und er bekam auch noch seine Würstchen.
Mein Mann meinte : „Den ganzen Tag arbeiten, ohne zu essen, das könnte ich nicht. Da müsste ich Allah bitten, wegzugucken !"

14 Tage später klingelte es an der Haustür. Als ich öffnete, begrüßte mich der Mann aus der Türkei und bedankte sich noch einmal im Namen seines Vaters für die gute Bewirtung. So viel Freundlichkeit und Dankbarkeit war es uns Wert, für den Vater auch eine Kostprobe mitzugeben.

Christa Leis,
Streitberg

Nicht aufgepasst

Ein Frosch sonnt sich am Ententeich,
der Storch sah ihn dort liegen
und dachte an ein leckeres Mahl.

Dem Quaker wurden die Knie weich.
Er vergaß die leckeren Fliegen –
er hatte keine Wahl.

Kopfüber in das tiefe Nass,
tat er vor Schreck nun hüpfen.
Am Ufer stolziert der Storch ohn' Unterlass,
damit der Frosch nicht kann entschlüpfen.

Die fette Fliege überm Wasser kreist,
schon war der Storch vergessen.
Der Frosch den Brummer mit Gier verspeist,
dann ward er selbst gefressen.

Verschluckt liegt nun der arme Tropf,
im Storchenmagen sogleich.
Hätt' er die Fliege nicht gepackt beim Schopf,
könnt' er noch sonnenbaden am Ententeich.

Gisa Schneider,
Schlierbach

Is noch alles dro

So als frisch verheiratete Ehefrau hat man Ideale. Alles muss schön ordentlich sein, und wie von zuhause gewohnt, seinen Gang gehen. Bleibt man nach der Heirat in gewohnter Umgebung, hat das auch alles seine Richtigkeit und ist zu bewältigen. Da kann die Ehefrau dem Mann beweisen, dass er die Regeln und Gewohnheiten aus dem Elternhaus schnell vergessen kann. Die junge Frau ist sicher und selbstbewusst.

Wenn es aber zu den Schwiegereltern geht, wie mir geschehen, etwa in den Vogelsberg und die Gegend so völlig anders ist, die Menschen anders reden, und alles einen anderen Stellenwert besitzt, kann man schon ins Grübeln kommen.

In meinem Fall waren es die Haustiere, die ich von zuhause gar nicht kannte und auch nicht gelernt habe, mit ihnen umzugehen.
Mein neues Zuhause war sehr schön und einen Garten hatten wir auch. Der Weg aus der Erdgeschosswohnung in den Garten war also nicht weit und die frischen Kräuter für die Mahlzeiten schnell geschnitten.

Und die Fenster, gerade das in der Küche, sorgten für einen freien Blick in die wundervolle Natur.

Direkt vor dem Küchenfenster befanden sich zwei herrliche Fliederbüsche, in dessen Ästen es sich unser getigerter Kater bequem machte und mir bei der Hausarbeit zusah.

Der getigerte Zuschauer, mit dem ich mich langsam anfreundete, war mir fast lieber als die Schwiegermutter.

Für den Mai war eine erste große Feier geplant, die ich zu bewältigen hatte. Alles sollte perfekt sein, und die „Neue" wurde mit Argusaugen beobachtet. Bloß keine Fehler machen, sagte ich zu mir und zwang mich zur Ruhe.

Meine Vorbereitungen für ein opulentes Essen, mit einem gewichtigen Braten, liefen am Samstagabend ganz hervorragend. Mein Beobachter auf den Ästen des Fliederbuschs sah mir interessiert zu. Mein herzlich gemeintes „Miau" nahm er zur Kenntnis, ohne darauf zu reagieren. Seine Skepsis mir gegenüber war noch nicht ganz überwunden. Aber das beruhte auf Gegenseitigkeit.

Als ich fertig war, räumte ich die Küche auf und alles blitzte wieder fein säuberlich - einer Hausfrau würdig.

Dann der Knaller, der kleine „Küchengau", denn der Braten war für den Kühlschrank zu groß. Er passte nicht hinein.

Von zuhause gewohnt, stellte ich ihn einfach über Nacht, mitsamt dem Topf, nach draußen auf die breite Fensterbank.

Was früher Usus war, durfte heute nicht weniger gelten. Zufrieden ging es am Abend in die Betten, denn der Sonntag sollte noch hart werden. Die zahlreiche Verwandtschaft musste verköstigt werden.

Ich hatte zwar nicht verschlafen, nur noch etwas geruht, aber mein Gatte und seine Mutter waren bereits auf den Beinen, und das hob mich förmlich im Eiltempo in die Kleider. Dazu der weithin hörbare Ausspruch : „Du verflixte Katz, was hoaste dann do ? Jetzt schickt's aber !"

Alle Hausbewohner waren im Garten auf den Beinen und besahen sich die Katastrophe. Der Täter, der getigerte Verbrecher, war natürlich auf und davon. Der Braten lag zwischen Blumenbeeten und Salatpflänzchen und sah erbärmlich aus. Was nun, denn in etwa vier Stunden sollte es den Braten zum Essen geben. Ich war der Wut und den Tränen näher, als dem Beitrittsformular für den Tierschutzverein.

Wo sollte ich so schnell einen neuen Braten herbekommen ?

Meine Schwiegeroma unterbrach die Grabesstille im Garten, als sie sich das Malheur näher betrachtete.

„Is doch nix passiert, is doch alles noch dro. Wäsch'n Broate ab un mach' e neu Soß !"

Ich war geheilt und die, die das Geheimnis kannten, hielten alle dicht. Omas Meinung war Gesetz !

Der Getigerte ahnte etwas von meiner Wut und hielt respektvollen Abstand zu mir. Und ein Braten kam nie mehr auf die Fensterbank.

Das Essen schmeckte allen und die „Neue" hatte die Familienfeier gut gemeistert und wurde akzeptiert. Die Schwiegeroma setzte etwaigen Spekulationen ein jähes Ende und sagte : „Koche kann se gout !"

Ingrid Materne,
Schlierbach

„Wenn du davor stehst ... links"

Da hatte meine Miriam mit der Nachbarin Manuela, einer Einheimischen, genau die richtige Person gefunden. Die beiden Frauen freundeten sich rasch an, und so war der Umzug von der Küste ins hügelige Gebiet des Vogelsbergs gut zu ertragen.

Sie veranstalteten oft einen Kaffeeklatsch und erklärten sich gegenseitig Begriffe, die die unterschiedlichen Dialekte zum Thema hatten. Miriams Lieblingssatz, den sie, wann immer es ging, beim mir anbrachte :

„Ich haach der aach uffs Aach, und uffs annere Aach aach !" Im Gegenzug konnte Manuela ihrem Horst bieten : „Du bist ein lütten Schietbüdel, du !"

Aber eines hatten sie gemeinsam. Sie kannten sich besonders gut im Supermarkt aus. Sie konnten blind durch die Regalreihen gehen und wussten auf Anhieb, wo was steht.

Und in dieser Situation kommt der ungeheure Fortschritt der Technik ins Spiel, hauptsächlich auf dem kommunikativen Sektor, mit Handy und SMS. Von der Kontrollmöglichkeit übers Handy ganz zu schweigen.

Denke man doch an die vielen Männer, die ab sofort und überall erreichbar sind. Jetzt und gleich. Im Auto, in der Bahn, beim Arzt, beim Sport, beim Flirt...., die Liste ließe sich beliebig ausdehnen.

Seitdem Frauen nämlich entdeckt haben, dass man auch den wortgewandten, aber selten gut informierten Gatten per Handy einkaufen lassen kann, stehen manche Männer vor gefüllten Regalen und sehen aus, als ob sie mit dem Zucker, dem Mehl oder einer Zahnpasta Zwiegespräche halten würden. Dabei werden sie nur per Handy zu den Waren gelotst.

Für mich nehme ich natürlich in Anspruch, dass ich das Handy nur im äußersten Notfall bemühe. Und in solchen Fällen zeichnet sich die Technik als Segen aus. Es hilft Zeit und Geld zu sparen.

Lange hatten wir getestet, welches Klingel-zeichen uns zusagt, welcher Sound uns am wenigsten erschreckt, wenn aus der Westen-tasche der Alarm ertönt.

Nach vielen Tests haben wir uns dann für die wenig aufregende Melodie von Ravells Bolero entschieden.

Allerdings gab Miriam zu bedenken, dass man bei dem Stück auch einschlafen oder wahnsinnig werden könnte.

Aber mein Hinweis, dass man sich gewöhnlich nach den ersten Tönen meldet – meistens - hat sie überzeugt.

Unsere Tochter Rebecca hatte trotz ihrer zehn Jahre aber auch schon Ideen, was den Klingelton am Handy betrifft. Sie wollte eine Melodie, die als solche gar nicht gleich zu erkennen war : Einen Techno Sound, der sich anhörte, wie wenn mehrere Metallteile von einem Stockwerk in nächste donnern. Aber das konnten Miriam und ich gerade noch abwenden.

Es vergingen etwa drei Wochen, ich wollte schon fragen, ob unser Handy noch funktioniert, da sagte meine Frau, dass ich bitte vom Supermarkt etwas mitbringen solle. Sie selbst hätte vor dem Wochenende noch so viel Vorbereitungen für den Geburtstag von Rebecca, und die Wäsche und den Hausputz ....., kurz, ihr würde die Zeit fehlen.

Ich sagte zwar nicht begeistert ja, aber *Mann* hilft ja gerne, wenn Not an der *Frau* ist.

Es war Freitag, an sich noch nicht das Problem, aber auf dem Küchenkalender glänzte die Zahl 13. Das hätte mich stutzig machen müssen. Auf unserem digitalen Wecker im Schlafzimmer, meiner Armbanduhr, am Videogerät im Wohnzimmer, an der vollautomatischen Kaffee-

maschine und gegenüber auf der großen Anzeigetafel der Sparkasse, leuchtete es in verschiedenen Farben – Freitag, der 13. ...... !
Nicht, dass ich dem Aberglauben anhänge, das nicht. Die Anzahl der Dinge, die mir Unbehagen bereiteten, war der Punkt all meiner Bedenken.

„Der Einkaufszettel liegt auf der Anrichte im Flur. Nimm' bitte einen Korb mit !"
Meine Miriam war gnadenlos.
„Und vergiss nicht das Handy – für den Notfall – es liegt am Küchenfenster !"
Ich ließ mir noch schnell erklären, wie dieses Wunderwerk der Technik zu bedienen ist und machte mich auf den Weg.

Als ich, völlig unbeeindruckt von den Vorgängen, listig pfeifend meinen Einkaufswagen mit einem EURO freikaufte und ihm die Kette löste, hatte ich den Eindruck, als ob an diesem Tag lauter Ehemänner durch die Gänge tobten.
Eigentlich hasste ich solche Massenaufläufe und wäre liebend gern nicht dabei gewesen. Aber mein Einkaufzettel klemmte fest zwischen meinen Fingern, wie eine Zeitbombe.
Nichts wie durch, war meine Devise, und das rasch. An Männern mit Schweißperlen auf der Stirn habe ich mich hastig vorbei gemogelt.

Da ich schnell und zielgerichtet aussah und mich benahm, als würde ich mich besonders gut auskennen, bestand die Gefahr, dass man mich etwas fragen könnte, ich aber vielleicht keine Antwort weiß. Neidvolle Blicke kreuzten ständig meinen Slalom durch die Gänge. Ich überholte mal links, mal rechts, völlig überforderte und frustrierte Männer.

Es machte mich zutiefst traurig, Artgenossen so sehen zu müssen – so leidend.

Obwohl ich manche Gänge zwei oder dreimal durchlief, ich vermied es fragenden Blickes dazustehen, war ich gut in der Zeit und hatte schon über die Hälfte meines Zettels abgearbeitet.

Nur diese verdammte Dose mit ...- halt, ich hatte sie entdeckt. Einer meiner suchenden Artgenossen stand genau davor, wie angewurzelt. Erleichtert griff ich dicht am Hals des Mannes vorbei ins Regal.

Er erschrak und legte den Kopf zur Seite, das Handy fest ans Ohr gepresst. Ich wollte nicht stören und entschuldigte mich mit allerhand Gesten und Zeichensprache. Der arme Mann, dachte ich, als plötzlich die Melodie von Ravell erklang. Mein Handy ! Ich bin nicht da. Eine weile spielte noch der tolle Bolero. Dann Ruhe. Danach ein komischer Piepton. Phantastisch, es war eine SMS !

„Ruf bitte zurück - wichtig !" Da hätte ich mich auch melden können. Sie hatte mich doch erreicht. In einer ruhigen Ecke tat ich gehorsam, wie mir befohlen.

„Was ist denn so wichtig ?"

„Bring bitte noch vier Paprika mit !"

„Rot, gelb, grün ? ...... natürlich ist mir das auch egal, aber ich wollte wenigstens fragen. Moment mal, bleib bitte dran !"

Ein Mann stand plötzlich vor mir und fragte mich, ob ich ein Netz habe.

„Nein, einen Korb", wunderte ich mich über eine so blöde Frage. Außerdem, was ging ihn das an ?

„So, ich bin wieder dran !"

„Stefan, ich habe das mitbekommen und glaube, dass er mit Netz meinte, ob du eine Verbindung mit dem Handy hast !"

Jetzt sah ich in das verstörte und verängstigte Gesicht des Mannes und begriff.

„Können sie mir sagen, wo ich Oblaten finde ?"

„Liebling, weißt du wo Oblaten liegen ?"

„Ja !"

Natürlich wusste Miriam es.

„Das sind doch diese flachen Kekse ?", fragte ich, womit ich natürlich dem Mann vor mir imponieren wollte. Weil ich eben weiß, was Oblaten sind.

„Nein, Oblaten sind die dünnen Scheiben, die beim Abendmahl auf der Zunge zergehen, zergehen sollten !"

„Die, die immer am Gaumen kleben bleiben ?"

„In welchem Gang bist du ? .... Gut, dann gehe bitte in den Gang Backwaren ..... Gut – jetzt muss rechts der Kaffee stehen. Gegenüber, wenn du davor stehst, links unten im mittleren Regal – da liegen die Oblaten !"

Die Erleichterung des armen Mannes, der mir mit Spannung gefolgt war, konnte man nicht übersehen. Er sah so glücklich aus, wie wenn er gerade ......

„Danke mein Schatz, du hast eben jemanden sehr glücklich gemacht !"

Der Mann verabschiedete sich mit den besten Wünschen zum Wochenende.

Auf dem Heimweg meldete sich noch einmal Ravells Bolero, aber da ich sowieso gleich daheim sein würde ..... – ich atmete tief durch. Außerdem kam mir der Hinweis von Miriam in den Kopf – von wegen verrückt werden ....

„Schatz, hast du meine SMS nicht bekommen ? Wir brauchen noch zehn Eier !"

Eberhard Traum
Schlierbach

Ein Herzenswunsch

(Der 80. Geburtstag)

„Na, Herr B., wo fehlt es denn ?"
Im Leben oft gehört, weil stets gefragt –
wo es mich zwickt, wo etwas plagt,
und weshalb ich wohl zum Arzt hin renn'.

Ich dachte mir, dass ich mein Leiden nenn'...... !
Doch ob was fehlt - hat mir mein Arzt gesagt,
es macht mich sprachlos, hat an mir genagt –
es fehlt mir nix, soweit ich meinen Körper kenn'.

Dabei war ich mir sicher, ich kenn' mich gut,
und ersann mir rasch noch einen Schmerz.
Um es zu erklär'n, fehlte der Mut.

Ich behielt für mich den kleinen Scherz -
und schämte mich, weil man so etwas nicht tut.
Alleine das Gespräch erfrischte mir das Herz.

Eberhard Traum
Schlierbach

Anmerkung zu den folgenden drei Geschichten

Da gibt es die ungewöhnlichsten Geschichten, die man sich erzählt. Zum Teil sind sie von großem Humor geprägt, gehen über Jahre durch die Köpfe und werden bei Festen und Familienfeiern zum Besten gegeben.

Einige aber gleiten soeben noch an der Tragödie vorbei, bei anderen bleibt der Schmerz.

Und in keinem Fall ist das Erlebte nur auf eine Kultur oder die Nationalität beschränkt. Nirgends auf der Welt scheint der Mensch vor dem Zorn anderer sicher.

Alle Geschichten und die Menschen, die sie erlebten, gehören in unsere Gemeinschaft und möchten sich mitteilen. Sie sind Teil unseres Lebens und dürfen sich mit ihren Geschichten einreihen, zur eigenen Verarbeitung und als Denkanstoß für andere.

So sind die folgenden Berichte nicht nur in Schlierbach und dem Main-Kinzig-Kreis beheimatet, sondern überall auf der Welt.

Das Autoren-Team

Eine Rauchstube im Gutshof

Was wir Kinder nicht wussten war, wie das weitergehen sollte und wie lange der Krieg noch dauern würde. Es waren die letzten Januartage 1945 und der Blick Richtung Frühling ziemlich getrübt. So wie alles um uns herum, war es auch mit der Natur, eine trostlose Angelegenheit. Wir hatten minus 25° C und reichlich Schnee.

Ich bin Renate, gerade sieben Jahre alt und zum Leidwesen meiner Eltern krank. Mein kleiner Bruder Hans war mit seinen fünf Jahren zwar gesund, aber er war irgendwie eingeschüchtert. Er sagte nicht sehr viel.
Die Geschosse der Stalinorgel machten Geräusche, dass wir dachten, uns platzen die Ohren. Die Situation in Schneidemühl, dem friedlichsten Ort meiner Kindheit und unsere Heimatstadt, wurde immer lebensfeindlicher. In Schneidemühl begann es ziemlich ungemütlich zu werden.
Am 27. Januar dann die hitzige Mitteilung von unserem Vater, der beim Volkssturm war, die Sachen zu packen und an die Sammelstelle zum Bahnhof zu gehen. Das war Nachts um 2 Uhr. Ich wurde in Decken gehüllt und auf einen Schlitten gepackt.

Irgend jemand zog mich durch den Schnee zur Sammelstelle.

Hinter uns hörten wir immer wieder Detonationen, denn die Wehrmacht sprengte die Brücken, damit die Russen nicht hinter uns her kommen konnten.

Ich hielt Hans fest umklammert und mein kleiner Bruder seinen Kasperle, den er liebte und auf keinen Fall zurücklassen wollte. Weniger als Nichts war unser Gepäck, denn wir mussten alles stehen und liegen lassen. Nicht mal für einen Wochenendbesuch bei Verwandten hätte es gereicht.

Der Zug, in den wir einsteigen mussten, hatte vorher dem Pferdetransport gedient. Die Güterwagen waren kalt und der Weg nach Westen lang. Vor allem konnte der Zug nur Nachts fahren, um nicht Zielscheibe der feindlichen Soldaten zu werden.

Als wir Parchim in Mecklenburg erreichten, war es auch Endstation. Alle Leute, die im Zug waren, wurden auf Unterkünfte verteilt. Wir bekamen im Nachbarort einen Platz auf einem Gutshof.

Mein Gott, ging das den Leuten dort gut. „Sonst würde das auch Schlechthof heißen und nicht Gutshof" meinte eine Frau, die mit uns dort unterkam.

Von Krieg konnte man in der Gegend überhaupt nicht reden. Die Leute hatten keine großen Sorgen und lebten nicht schlecht.

Wir waren nicht die einzigen Bewohner auf dem Hof. Gegenüber von unserer Stube wohnte ein Soldat, denn der hatte auf dem Gang zum Nebenhaus 15 gefangene Russen zu bewachen.

Sie waren in einer großen ehemaligen Wohnstube untergebracht und die Tür zu dem Raum hatte nur ein Gitter, aber kein Glas drin.

Das war für mich natürlich ganz etwas Besonderes, denn ich hatte noch nie Russen von nah gesehen. Ich ging immer zu der Tür, wenn der Wachsoldat zum Essen ins Gutshaus lief.

Als ich eines Mittags wieder vor der Tür stand und durch das Gitterfenster schaute, sprach mich einer der russischen Soldaten in Deutsch an : „Ich Willi. Ist er weg ?"

„Ja", ich Renate, sagte ich.

„In Kasten von Ecke ist Schlüssel, bitte ...... schnell, holen !"

Ich dachte, dass er den Türschlüssel meint und ich sie alle raus lassen sollte und hielt den Schlüssel ganz fest. Aber Willi meinte die Tür hinter mir. Ich kannte den Raum natürlich und wusste, dass es die Rauchstube war. Von der Decke hingen viele Würste, viele Schinken und viel Speck.

„Dawei, dawei, schnell – nur zwei von ganz hinten. Wir haben solchen Hunger !"

„Ich auch", sagte ich, schon längst davon überzeugt, dass ich handeln werde.

Ich schob zwei große Würste durch das Gitterfenster und brachte den Schlüssel zurück an seinen Platz. Ich ging wieder zu Willi und sagte, dass ich auch ein Stück haben möchte, aber Willi sagte : „Wenn du wieder Wurst stehlen, dann gibt's auch Wurst für Renatchen !"

Seine Kumpane lachten lauthals. Beim nächsten Mal bekam er eine Wurst und ich erst mein Stück, wie vereinbart.

Danach schob ich ihm erst die zweite Wurst durch das Gitterfenster.

Ich habe nie erfahren, ob jemand den Diebstahl bemerkte. Und ich glaube, dass es auch niemand interessierte, weil so viele Würste dort hingen. Außerdem gab es andere Sorgen, denn wir mussten wieder umziehen. Es war Mai 1945, der Krieg war zuende.

Später bekamen wir die Nachricht, dass wir sofort wieder nach Schneidemühl gehen sollten, denn die Grenzen von 1939 sollten wieder gelten. Wir packten also halb erfreut und halb skeptisch wieder unsere Habseligkeiten, um den Rückzug in die Heimatstadt anzutreten.

Hätten wir damals geahnt, dass wir bald wieder auf der Flucht sein würden, hätten unsere Eltern sich, und auch uns Kindern, den Weg zurück nach Schneidemühl wohl erspart.

Heute lebe ich im Main-Kinzig-Kreis und denke trotzdem manchmal an die Zeit zurück, als ich Wurst gestohlen habe, um Hunger zu stillen.

Renate Stückrath,
Gelnhausen-Hailer

„IRKI" und ihr unwiderstehliches Haarwasser

Während des Krieges sind in der Keramikfabrik in Schlierbach russische Gefangene unter-gebracht worden. Frauen und Männer.

Man hatte dort ein Lager einrichten müssen, weil sonst keine größeren Bauten zur Verfügung standen. Und in allen Bereichen wurden die Gefangenen eingesetzt, um zu arbeiten. Gebraucht wurden sie allemal, denn die eigenen Männer waren fast alle im Krieg. Die Landwirtschaft und viele Gewerbetreibende hatten Bedarf.

Wir betrieben einen Schuhladen mit Werkstatt und freuten uns natürlich auch über die Mithilfe der russischen Männer und Frauen.

Zu uns wurde Juri zum Arbeiten geschickt, ein etwas älterer Mann, so um die vierzig. Aber, das muss ich sagen, ein sehr netter Mensch.

Die Hilfskräfte gingen morgens zur Arbeit und Abends hatten sie, um eine genau festgelegte Zeit, wieder im Lager in der Fabrik zu sein. Das ging auch ganz prima, wo sollten sie denn auch sonst hin. Die Gefangenen konnten sich ziemlich frei bewegen und machten auch ihre Sache sehr gut. Man war, Ausnahmen bestätigen jede Regel, mit ihnen überall sehr zufrieden.

Auch wir mit Juri, der als gelernter Schumacher natürlich in seinem Element war. Ganz besonderes Geschick hatte Juri beim Fertigen von Stiefeln. Da war er ein Meister seines Fachs. Und wer hätte das besser beurteilen können, als mein Mann. Und er hatte keinen Grund, an seinem Helfer etwas auszusetzen. Im Gegenteil, Juri wurde Sonntags immer zum Essen in unsere Familie eingeladen.

Aber das ging fast allen Hilfskräften so. Man hatte sich arrangiert und aneinander gewöhnt. Außerdem war es sehr lange eine ruhige Gegend, weil der Krieg woanders stattfand. Juri gönnte sich an allen Sonntagen immer den Gang zum Friedhof, über den er langsam und andächtig spazierte. Er schaute sich die Gräber an und zupfte mal hier mal da an den Blumen und Pflanzen, wenn diese nicht so aussahen, wie es sich gehörte.

Zur Erntezeit nahmen wir Juri mit nach Hesseldorf. Dort waren meine Eltern zuhause und die kleine Landwirtschaft, die im Nebenerwerb betrieben wurde, hatte zur Erntezeit jede Hand gebraucht.

Manchmal war in der Schuhwerkstatt nicht so viel zu tun, so konnte mein Mann auf die Hilfe von Juri verzichten.

Juri war sich für keine Arbeit zu schade und so holte er in Hesseldorf die Äpfel vom Baum oder machte Kartoffeln aus. Auch alle anderen Arbeiten, die für Frauenhände nicht so geeignet waren, machte er ohne Murren.

Juri war fast ein Familienmitglied bei uns geworden. Er sprach halt kein Deutsch, und das was er konnte bezog sich fast nur auf die Arbeit, soweit es Material und Werkzeug anging. Mich nannte er liebevoll „Irki", denn Erika war anscheinend zu schwierig.

Der Krieg ging in die letzte Phase und es war absehbar, dass bald die Waffen schweigen würden. Bei uns im Hause gab es wieder die Einladung zum Sonntagsbraten. Juri ging, wie so oft, den Weg von der Fabrik zu uns.

Das Essen war wie gewöhnlich bestens und hatte allen geschmeckt. Juri musste mal für kleine Donkosaken und verschwand im Bad.

Es dauerte etwas, bis er wieder an den Tisch ins Esszimmer zurückkehrte. Dann stand er vor uns, schleckte sich mit der Zunge über die Lippen, klopfte sich auf den Bauch und sagte im breitesten Deutsch, das er konnte : „Ooohhh, priiiima Schnaps !"

Wir schauten uns alle erstaunt an und verstanden das erst nicht so recht.

Da es im Bad keinen Schnaps gab, ahnte ich etwas, lief ins Bad und brachte die vermeintliche Schnapsflasche mit. Erst entsetzen, dann ein ausgiebiges Gelächter.

Juri hatte sich die einzige Flasche Haarwasser schmecken lassen. Aber das zu erklären, machte nun keinen Sinn mehr. Und geschadet hatte es Juri auch nicht, es wurde ihm nicht einmal übel davon.

Der Krieg war vorbei und die russischen Gefangenen wurden Ende 1945 aus dem Lager geholt und zum Abtransport in die Heimat am Bahnhof in Wächtersbach versammelt.

Ein kleiner Tross von Leuten zog singend und fröhlich, alles überstanden zu haben, an den Deutschen vorbei, bei denen sie noch Tags zuvor mit am Tisch saßen oder gearbeitet hatten. Gemischte Gefühle waren bei einigen Einheimischen zu spüren, auch bei den russischen Frauen und Männern. Plötzlich schrie jemand laut aus der Menge der freigelassenen Russen : „Irkiiiii !"

Ich war gemeint und blickte in die Richtung, von wo gerufen wurde. Ich sah Juri hochspringen und heftig winken. Wir sahen und hörten später nichts mehr von ihm, dem Mann aus Russland, der so in unsere Familie hineingewachsen war.

Der Mann, der Sonntags auf den Friedhof ging und Blumen zurecht rückte, sich mit dem Herstellen von Stiefeln besonders gut auskannte und der Haarwasser trinken konnte, ohne dass es ihm schlecht wurde.

Ich arbeitete noch beim Roten Kreuz in Wächtersbach, sah viele Flüchtlinge ankommen, die jetzt untergebracht und versorgt werden mussten. Sie wussten nicht wohin und lagen, bis sie einen Platz zugewiesen bekamen, oft im Straßengraben zwischen Hesseldorf und Wächtersbach.
An vielen Lagerfeuern bin ich manchmal Nachts mit dem Fahrrad vorbeigefahren, wenn ich zum Dienst gerufen wurde. Aber niemand aus der Menschenmasse sprang hoch, winkte dabei heftig und rief „Irkiii !"

Erika Berting,
Schlierbach

Verletzte Seelen
(Nacherzählt von A.N. Geiger)

Es war Dezember 1989. In Rumänien brachen neue Zeiten an. In diesem schönen Land, wo die Karpaten über alles überwachen, die Donau ruhig fließt und die Menschen friedlich und frei leben wollen, herrschte seit Tagen Unruhe. Die weihnachtliche Atmosphäre war nirgendwo zu spüren, zu sehen oder zu fühlen.

Die Bevölkerung kämpfte mit dem ganzen Mut zwischen Angst und Hoffnung, Wut und Resignation. Der Traum von einem freien Leben, ohne kommunistische Regierung, ohne Schatten der Vergangenheit, ohne politische Erpressungen, rückte immer näher, begann Konturen zu bekommen und verwandelte sich langsam in eine Wirklichkeit.

In der Morgendämmerung des ersten Weihnachtstags wachte Adrian, ein Junge anfang Zwanzig auf und spürte, dass dieser Morgen anders war. Es bedrückte ihn etwas, aber er konnte es nicht beschreiben.
Etwas in seinem Herz, in seinem Innersten, gab ihm Zeichen, die er nicht interpretieren konnte. Er hatte so etwas bis jetzt nie gefühlt.

„Was ist es nun? Wieso fühle ich mich so anders heute? Ich habe ein mulmiges Gefühl."

Er und sein Vater bereiteten sich vor, zur Arbeit zu gehen. Obwohl sie noch genügend Zeit hatten, wurde er ungeduldig und ging von einem Zimmer ins andere, ohne etwas Bestimmtes zu suchen. Er hatte keine Ruhe mehr und spürte den Drang nach draußen zu gehen.
Er sagte seinem Vater: „Komm, wir müssen zur Arbeit. Es ist spät!"

Beide waren Angestellte der Regierung bei der *Palatul Telefoanelor*, was so viel heißt wie "Palast der Telefone", eines der zentralsten und wichtigsten Gebäude in Bukarest, wie die staatliche Fernsehanstalt und der Flughafen, die der kommunistischen Regierung unterstanden und streng bewacht waren. Von *Palatul Telefoanelor* wurden telefonische Informationen ins ganze Land und um die Welt geschickt.
Adrians Mutter arbeitete ebenfalls dort. Sie hatte Nachtschicht. In der Nacht hatte sie angerufen und erklärt, dass sie sehr vorsichtig sein sollen, wenn sie zur Arbeit gehen. Die Lage sei sehr gefährlich. Man habe die ganze Nacht Schüsse gehört.

Adrian sagte: „Ach Papa, es ist nicht so schlimm. Du weißt, dass Mutter sehr ängstlich ist!"

Trotzdem machte er sich Gedanken. „Wieso hat die Mutter in der Nacht angerufen? War die Lage wirklich so bedrohlich?" Adrian versuchte sich vorzustellen, wie diese unruhige Nacht im „Palast der Telefone" verlaufen ist. „Gab es dort Unruhen? Ist dort jemand erschossen worden?" Er beendete seine Gedankengänge und ging zu seinem Vater.

„Papa komm, beeil dich. Wir müssen gehen. Wir sind spät dran!". Der Vater, ein ruhiger Mann, der sich um keinen Preis hetzen ließ, hörte ein paar Mal die Bemerkungen seines Sohnes und irgendwann reichte es ihm.

„Adrian, was ist mir dir heute früh los? Ich möchte mich in Ruhe rasieren. Wir haben genügend Zeit. Außerdem wissen wir nicht, ob wir überhaupt bis dort hinkommen. Du weißt, durch die Geschehnisse der letzten Tage ist mit allem zu rechnen. Viele Wege sind gesperrt, gerade im Universitätsbereich."

Etwas später waren sie auf dem Weg. Es war trüb, unterwegs konnten sie die Spuren der „Revolution" erkennen.

Die Strassen waren verwüstet, viele Gebäude waren durch Schüsse gekennzeichnet, Parolen waren auf die Wände gesprüht worden: Weg mit der Regierung! Weg mit Ceausescu ! Für die bereits vielen Opfer, die diese „Revolution" forderte, sind am Straßenrand Blumen niedergelegt und Kerzen angezündet worden.

Adrian und sein Vater hatten noch einen Kollegen unterwegs getroffen. Alle drei waren, aufgrund der gefährlichen Lage, angespannt. Alles wurde stark bewacht und überall lauerte Gefahr, in eine schwierige Situation zu geraten. Vor allem, be- oder sogar erschossen zu werden. Sie passierten mehrere Kontrollstellen auf ihrem Weg zur Arbeit und mussten jedes Mal den Dienstausweis zeigen, um ihren Weg fortsetzen zu können. Sie befanden sich in der Nähe des *Teatrul Tănase*, nicht weit vom *Palatul Telefoanelor* entfernt, als sie plötzlich hinter einem Panzer eine Stimme hörten.

„Hände hoch ! Wer seid ihr?".
„Wir sind Angestellte bei *Palatul Telefoanelor* und wollen zur Arbeit gehen." antworteten die drei Männer.
„Kommen Sie mit erhobenen Händen näher" befahl der Unbekannte.

Die drei Männer schauten sich gegenseitig an und taten, wie ihnen befohlen. Sie hatten nichts zu verbergen, sie waren keine Terroristen, sie hatten keine Hintergedanken. Sie hatten aber Angst und Adrian spürte wieder dieses unerklärliche Gefühl.

Sein Herz begann rasend zu schlagen, immer stärker und schneller. Ihm wurde kalt und plötzlich wieder heiß. „Was ist los mit mir? Mein Körper schlägt Alarm! Mein Herz pocht so stark, als ob es aus dem Körper springen wollte - *WAS IST LOS MIT MIR?*"

Mit erhobenen Händen näherten sie sich dem Panzer. Es wurde still, unheimlich still. Sie konnten noch immer nicht das Gesicht des Unbekannten erkennen. Plötzlich, aus einer Entfernung von etwa drei Metern hörten sie Schüsse und ... alle drei Männer fielen zu Boden. Blut verbreitete sich überall. Die drei Männer schrieen von Schmerzen.

Alles drehte sich in Adrians Kopf. „Was war das eben? Sind das Terroristen? Warum sind wir beschossen worden? Mir ist ganz komisch ... mir wird schwindelig... Warum ? Warum ? Warum ?"

Er schaute seinen Vater verzweifelt an: „Vater, ich habe starke Schmerzen! Hilf mir ... Vater, ich sterbe.... Lass mich nicht allein. Ich habe Angst!"

Adrians Mutter war die ganze Nacht unruhig. Sie hoffte, dass Adrian und ihrem Mann nichts geschehen würde. Ihre Schicht endete bald. Auf einmal hörte sie Stimmen, jemand rannte zu ihr und sagte: „Frau Nuțu, Adrian und ihr Mann sind verletzt. Sie befinden sich im *Cabinetul Medical*. Gehen Sie - schnell!"

Die Mutter rannte los. Auf den Treppen sah sie Blutspuren, die bis zum *Cabinetul Medical* führten. Eine böse Vorahnung befiel sie. Tausend Gedanken und Fragen hatte sie im Kopf: „Ist dies das Blut meines Mannes oder das von Adrian? Was ist geschehen? Lieber Gott, lass bitte nicht zu, dass meiner Familie etwas Schlimmes zustößt."
Sie lief so schnell sie konnte, aber der Weg bis zum *Cabinetul Medical* schien ihr unendlich lang. Ihr Herz pochte und Tränen liefen über ihr Gesicht. Sie stand endlich vor der Tür. Sie hatte Angst, unheimlich viel Angst vor dem, was sie in den nächsten Sekunden erfahren würde. Diese böse Vorahnung ließ Sie nicht los.
Aufgeregt betrat sie das Zimmer, in das die drei Männer eingeliefert wurden. Sie erschrak ... sie bekam keine Luft, sie konnte nicht glauben was sie sah. „NEIN! Es ist nicht wahr! Es ist nur ein Traum! NEIN! NEIN! NEIN!"

Auf dem Bett lag reglos ihr geliebter Sohn Adrian, ... ihr geliebtes Kind ... und er rief nicht nach ihr, er schaute sie nicht an ... er atmete nicht. Adrian war tot. Ein hübscher Junge anfang Zwanzig, der seine Träume hatte und ein ganzes Leben vor sich, sprach kein Wort mehr. Sie konnte seine Stimme nicht mehr hören und am schlimmsten war für sie, dass sie bei seinem letzten Atemzug nicht bei ihm war, obwohl die beiden, Mutter und Sohn, nur wenige Minuten voneinander entfernt waren.

„Es ist zu viel ... es ist zu viel! Ich kann nicht mehr... ich will mein Kind zurück!"

Wenig später fiel sie in Ohnmacht.

Der Vater hatte überlebt. Er lag drei Monate im Krankenhaus und ist mehrmals operiert worden. Der Kollege ist wie Adrian, an den Spätfolgen seiner Verletzungen, gestorben!

Wer waren diese Männer, die den dreien so etwas angetan haben? Wer waren diese Menschen, die mit dem Leben anderer Leute spielten? Waren es Soldaten, die eine Situation falsch eingeschätzt haben? Wie konnten sie jemanden erschießen, der sich mit erhobenen Händen näherte? Haben diese Männer keine Söhne oder Brüder? Wer hat befohlen zu schießen? Wessen Entscheidung war es?

War die so genannte „Revolution" ein politisches Machtspiel? War es ein Befreiungsakt der Bevölkerung? Oder war es eine Konstellation aus beiden? Bis heute ist die Wahrheit verborgen geblieben! Was ist damals wirklich geschehen? Man hofft bis zuletzt, dass die Wahrheit ans Licht kommt!

Adrians Mutter wird es niemals erfahren. Sie starb ein paar Jahre später. Die seelischen Schmerzen, dass ihr Sohn gestorben ist, konnte sie nicht verkraften.

Ana Niculina Geiger

Träumen und stärken

Ein Baum im Park, von Efeu umrankt,
darunter ein Kurgast, träumend auf einer Bank.
Seine Erinnerung aus fernen Tagen,
werden vom fließenden Bach davongetragen.

Ufersteine vom grünen Moos bedeckt,
das muntere Plätschern des Baches hat den
Träumer aufgeweckt.
Er genießt den warmen Sonnenstrahl,
es ist Frühling, die Vögel singen überall.

Grünende Knospen, die sich vorsichtig zeigen,
lieblicher Duft von Blütenzweigen –
Friede zieht ins Herz hinein,
es ist ein bisschen dankbarsein.

Lebenserwachen und die stille Kraft der Natur,
ist die sanfte Stärkung einer Kur.
Es erwächst der Wunsch an diesem stillen,
heilsamen Ort –
Bad Orb zeigt Herz - lass mich nicht wieder
fort.

Gisa Schneider,
Schlierbach

Der Mund

Manchmal sind es ganz wichtige Kleinigkeiten, die den Mensch beschäftigen. Sie wenden sich im Traum an ihn, denn da hat er gewöhnlich Zeit, um in Ruhe zuzuhören, sich mit Problemen auseinander zu setzen, Verständnis zu entwickeln und es zu verarbeiten. Bei einigen Dingen geht es vielleicht um ihn selbst.

Sarah ist ein Mädchen, wie alle anderen in ihrer Klasse auch. Nur ist sie etwas introvertiert und hat ein wenig Probleme, sich der Horde von Klassenkameradinnen anzuschließen, wenn diese etwas ausheckten. Sie nörgelte und machte immer ein ernstes Gesicht. Sie sagten es Sarah zwar nicht direkt, schlossen sie aber aus und hänselten sie.

Sarah kann es sich nicht erklären und sucht nach Gründen dafür. Bei ihren Klassenkameradinnen bekommt sie keine Antwort, wenn sie etwas über deren Ablehnung erfahren möchte. All ihr Nachdenken endet im Nichts. Verzweifelt und ahnungslos wird sie immer stiller und sorgt fast selbst für ihre Isolierung. Mit vielen Gedanken, die Sarah durcheinander bringen, geht sie Abends zu Bett.

Die quälenden Erlebnisse des Schultages lassen sie nicht ruhen. Nachdem sie eingeschlafen war, forderte plötzlich ein Traum ihre Aufmerksamkeit.

Sie konnte nur einen Mund erkennen, der leicht verschleiert, dicht an sie heran kam. Plötzlich bewegten die Lippen sich und Sarah konnte eine leise aber verständliche Stimme vernehmen, die etwas zu ihr sagte.

Diese Lippen, die weich und voll waren, machten einen überaus gütigen Eindruck. Sarah wurde innerlich ganz ruhig und lauschte den Worten, die eindringlich, aber sehr beruhigend wirkten. Das, was der Mund ihr im Traum zuflüsterte, traf Sarah mitten ins Herz.

Am Morgen, nach diesem Traumerlebnis, nannte sie den Mund ihren Freund, denn was er sagte, war keine Schelte, sondern etwas ganz Tolles. Etwas, wie sie es noch nie von jemandem zu hören bekam.

Sarah merkte sich genau, was der Mund ihr im Traum sagte und sie wollte es beherzigen.

„Trage deine Sache mit deinem Nächsten aus, aber verrate nicht eines andern Geheimnis, damit von dir nicht übel spricht, wer es hört und dann das böse Gerede über dich nicht aufhört !"

Der Weg zur Schule, am nächsten Morgen, war ganz anders als sonst. Sarah war fröhlich gelaunt und lächelte unentwegt. Auch der Unterricht machte ihr mehr spaß, als sonst. Sarah war plötzlich bereit, sich zu öffnen und beteiligte sich, ungeachtet des gewöhnlichen Ärgers, fröhlich am Unterricht.

Das Getue der anderen Mädchen prallte an ihr einfach ab. Der Lehrerin fiel das auf, und sie sagte zu Sarah : „Du bist heute ganz reizend !"

Die Mitschülerinnen taten das, was sie immer mit Sarah taten, sie hänselten sie, weil sie dumm und hässlich sei. Und da sie das mit einer Handbewegung abtat und lächelte, kam der Satz : „Und du merkst es nicht mal, du lächelst ja sogar noch darüber !"

Der Gedanke an den Mund, ihren Freund, machte sie ganz ruhig. Sie fühlte sich wohl, denn ihre Klassenkameradinnen bewegten zwar ihren Mund, aber es war nichts zu hören. Worüber sollte sie sich jetzt also aufregen ?

Am nächsten Tag nahm Sarah ihren ganzen Mut zusammen und wendete sich an Exfreundin Nora. Die wunderte sich über das Verhalten von Sarah und war froh, etwas über den Wandel zu erfahren.

Als nun die anderen sahen, dass Nora wieder mit Sarah spricht und sie sich sogar verstanden, zeigte sich das üble Spiel, das alle mit ihr trieben, denn Nora wurde mit in die lästigen Hänseleien einbezogen und sie redeten schlecht über sie.

Plötzlich sagte Nora etwas zu den Mädchen, denn Sarahs Freund, der Mund, bediente sich plötzlich des Mundes von Nora :

„Wenn kein Holz mehr da ist, so verlischt das Feuer. Und wenn der Verleumder weg ist, so hört der Streit auf !"

Die Mädchen waren so perplex, dass sie, ohne etwas zu sagen, nach Hause gingen. Damit hatten sie nicht gerechnet. Sie drehten sich nicht einmal um.

„So, jetzt habe ich ihnen gesagt, dass ich es fies finde, wenn sie dauernd lästern und schlecht daherreden."

Als Sarah aber Nora erklärte, was sie wirklich sagte, staunte sie.

Eins von den anderen Mädchen machte plötzlich kehrt, kam zu Nora und Sarah zurück und sprach beide an. Es war Judith.

„Nora, ich finde es toll, dass du so vor allen deine Meinung gesagt hast, und es war sogar die Wahrheit !"

In den folgenden Nächten war Sarah der Mund wieder in ihren Träumen erschienen. Das, was er ihr erzählte, klang so unglaublich, aber auch logisch, dass sie es erst langsam begriff.

Sarah erzählt Nora leidenschaftlich von ihrem Traum und dem Mund, der ihr Freund wurde und der ihr so viel Kraft gibt. Nora ist begeistert davon und glaubt, ebenso wie auch Judith, dass ihr in brenzliger Situation der Mund ebenfalls erscheinen wird, um zu helfen.

Die drei Mädchen hatten wieder eine innige Freundschaft und die anderen Mädchen hänselten zwar immer noch, aber die Versuche, sich hervor zu tun, waren von großer Unsicherheit gekennzeichnet. Sie endeten auch ziemlich zaghaft und wenig wirkungsvoll.

Eines Tages wurde Nora von ihrer Klassenlehrerin Frau Müller ungerecht behandelt. Vor der ganzen Klasse wurde sie bloßgestellt. Die Vorhaltungen der Lehrerin hörte sie nicht, denn der Mund von Frau Müller sagte etwas ganz anderes zu ihr. Die Klasse hörte die Schimpfkanonaden und Nora, aber auch Sarah und Judith, hörten den Mund etwas anderes reden. Ihr gemeinsamer gütiger Freund, erklärte mit Ruhe und wohlgewählten Worten, was Nora der Lehrerin antworten sollte.

Als die Lehrerin fertig war, wartete Nora einen Moment und antwortete:

„Sei nicht neidisch auf böse Menschen und wünsche nicht, bei ihnen zu sein. Ihr Herz trachtet nach Gewalt und ihre Lippen raten zum Unglück!"

Mit einer solchen Reaktion hatte Frau Müller nicht gerechnet. Nach dem Unterricht folgte ein klärendes Gespräch zwischen der Lehrerin und Nora, was die Beziehung der beiden enorm verbesserte.

Als der Rektor der Schule Frau Müller einige Tage später energisch zurecht wies und sie auf die Schulordnung aufmerksam machte, da profitierte sie von dem Gespräch mit Nora und stellte den Direktor vor ein Problem :

„Wer unvorsichtig herausfährt mit den Worten, sticht wie ein Schwert. Aber die Zunge der Weisen bringt Heilung!"

Inzwischen ist Sarah eine geachtete Mitschülerin und hat viele Freundinnen. Der Mund aus ihrem Traum, der sich auch anderen zeigte, hatte ganze Arbeit geleistet.

Die Hinweise, die er geben konnte, regten die Menschen zum Nachdenken an und so hat er vielen geholfen, sich mit Dingen in Ruhe auseinanderzusetzen. Dinge, die sich vorher mit viel Emotionen unkontrolliert Bahn brachen, vieles zerstörten und Möglichkeiten einer friedlichen Auseinandersetzung verhinderten, waren nun leicht zu lösen.

Viele im Ort, in dem Sarah nun wieder anerkannt lebte und keine Sorge mehr haben musste, geschnitten und gehänselt zu werden, konnten mit Hilfe von Sarahs Traum und ihrem Freund, dem Mund, viele Probleme meistern.

Die allgemeine Zufriedenheit sorgte dafür, dass der Mund nicht mehr gebraucht wurde und wahrscheinlich an einen anderen Ort ging.
An einen Ort, wo es wieder Missverständnisse und Anfeindungen gab, die niemand so recht in den Griff bekommen konnte.
Sarah und alle Menschen um sie herum brauchten den Mund nicht mehr. Sarah selbst schlief wieder ohne Sorge ein und hatte nicht mehr den Wunsch nach ihrem Freund, dem Mund. Vergessen konnte sie ihn nicht, denn immer wieder erinnerte sie sich an ihn, wenn es mal eine brenzlige Situation zu bewältigen gab.

Und manchmal, das brachte ihr der Mund auch bei, ist es sogar besser zu schweigen.

„Wo viel Worte sind, da geht's ohne Sünde nicht ab. Wer aber seine Lippen im Zaum hält, ist klug!"

Heinz-Jürgen Weismantel,
Schlierbach

Nachweis der Sprüche des Mundes auf Seite 106

Erst Ehrung, später Gedenkminute
Gedanken eines Vereinsmitglieds

Ein unerwarteter Anruf schreckte mich abends auf. „Hans, du musst am Samstag unbedingt bei der Jahreshauptversammlung dabei sein, denn du wirst für 15 Jahre Mitgliedschaft geehrt!"

Ein ganz wichtiger Tag, wie sich das anhörte, aber bei mir setzte es einen Prozess des Nachdenkens in Gang.

Die Urkunde für 15 Jahre Mitgliedschaft ist der erste Schritt zum Seniorendasein. Mit großer Anerkennung des Vereinsvorsitzenden und des restlichen Vorstands, erhalte ich den warmen Händedruck. Samstag wird ein schöner Tag und es erfüllt mich, trotz der vielen Fragen im Kopf, ein gewisser Stolz.

Erst vor einer Woche ist einer aus dem Obst- und Gartenbauverein verstorben. Für ihn wird es die letzte Ehrung geben, die dann Gedenkminute heißt. Die etwas andere Art der Ehrung, für die ich mich nur noch einmal vom Platz erheben muss. Gleich zu Beginn der Versammlung, lange bevor ich die Urkunde erhalte.

Der Abstand zwischen Trauer und Glückseligkeit wird wenigstens gewahrt.

Dafür dauert die Gedenkminute in der Regel etwa 35 Sekunden. Welch ein Glück für den Verstorbenen, dass er kurz vor der JHV verstarb, da weiß noch jeder genau, wer er war. Aber kurz nach der JHV – und dann ein Jahr später ....?

Für die letzte Ehrung ist die Dauer der Zugehörigkeit im Verein ohne Bedeutung. Vor genau einem Jahr bekam jedoch der Verstorbene die Plakette, eine Urkunde und eine Anstecknadel des Gesamtverbandes, für 50 Jahre Mitgliedschaft.

Das Procedere ist bei allen Vereinen gleich, ob man bei der Feuerwehr, beim Gesangverein, dem Sport- oder Angelverein ist. Es gibt sicher noch 50 andere Möglichkeiten für eine Mitgliedschaft.

Nun muss das eine oder andere Mitglied eigentlich noch dankbar sein, hat es vielleicht für einige Zeit die Geschicke des Vereins geleitet und etwas zu sagen gehabt. Als Präsident oder erster Vorsitzender.

Später war er vielleicht sogar Alterspräsident oder Ehrenmitglied, allerdings ohne großes Gehör. Der Respekt vor dem Alter schützt oft vor ...., aber lassen wir das.

Ich erhalte nun meine erste Urkunde für 15 Jahre im Obst- und Gartenbauverein.

Keiner wird vergessen, denn das regelt die Vereinssatzung. Es wäre auch fatal und einem treuen zahlenden Mitglied nicht angemessen.

Mir fällt ein, dass ich als Mitglied bis jetzt etwa 2.000 Euro eingezahlt habe. Der Verstorbene war mit etwa 5.000 Euro dabei. Alles mit etwas Ärger und auch Freude verbunden – vielleicht. Man liebt halt das Obst und die Kameradschaft und die schönen Arbeitseinsätze auf der Streuobstwiese, mit dem anschließenden Grillen und Apfelwein aus eigener Herstellung.

Vor einer Woche war ich noch der Meinung, die Streuobstwiese müsste dringend einen Zaun bekommen, damit nicht jeder über die Wiese rennt und die Wildschweine alles umgraben. Außerdem wollte ich zwei andere Apfelsorten anpflanzen. Meinen Vorschlag, auf der Leiter in der Baumkrone stehend und beschäftigt mit dem Baumschnitt, hatte ich nach unten an die anderen Gartenbauenthusiasten gerichtet.

Es wurde aber nicht als würdig für die Tagesordnung angesehen.

Wie soll ich mich da verhalten, wenn wir nach der Ehrung auf den Streit zurück kommen ? Ich werde lächeln wie alle und den Vorgang einfach vergessen. Man hat doch so rührend an mich gedacht, so ganz unerwartet.

In meinem Verein zähle ich noch fast zum Nachwuchs, den man händeringend sucht.

Aber das ist bei allen Vereinen die Krux. Bei dem einen ist man schon ziemlich alt, bei dem anderen noch ein Spund.

Wenn ich aber bei der Ehrung für 40 Jahre angekommen bin, muss ich mir Gedanken über mein Leben und die Zukunft machen – an meinen Ehrungen kann ich erkennen, wie ich immer älter werde und vielleicht bald die letzte Ehrung erfahre, zumindest mit großen Schritten auf sie zugehe. Allen Mitgliedern in allen Vereinen geht es so, da gibt es keine Unterschiede.

Genauso, wie dem Vereinskameraden, der vor einer Woche so unerwartet gestorben ist, wird es mir ergehen. Man wird mich ehren und immer in Erinnerung behalten – bis nach der Jahreshauptversammlung.

Das zu wissen, macht die Sache erträglicher, denn es ist der Lauf der Zeit. Keiner der noch lebenden schwindelt und jedem Verstorbenen passiert das Gleiche, ohne Bevorzugung. Irgendwann ist man vergessen.

Die nachfolgenden Generationen haben nur die Möglichkeit, in den Analen nachzusehen, ob es mich gegeben hat. Und ihnen allen wird es genauso ergehen ....

Ich bestätigte den Anruf meines Vereinsvorsitzenden, der er noch ist. Am Samstag sind auch Vorstandswahlen.

„Gut, dass du mich daran erinnerst. Ich hätte die Versammlung beinahe vergessen und wollte schon eine Einladung für einen Theaterbesuch annehmen. Ging ja noch mal gut!"

Egal wie, ich freue mich auf meine Urkunde und genieße die Freunde und meine Vereinskameraden. Ich bin in guter Gesellschaft und weiß, dass allen irgendwann Gleiches widerfährt. Ich werde mich so verhalten wie alle und einfach vergessen, dass es einmal so kommen wird – mit Ehrungen, Gedenkminuten und dem Vergessen.

Von einem, der das (Vereins)Leben liebt und wenigstens drei der hunderte von Apfelsorten. Wie das „Weiße Seidenhemdchen" oder die „Zitzen-Renette".

Eine Biene an der Schürze

Wir Frauen von Streitberg sind stolz auf unser äußeres Zeichen, das uns als Mitglieder der weltweit größten Frauenvereinigung auszeichnet. Das Bienchen, für Fleiß und Familiensinn bekannt, gibt es als Brosche, Anhänger oder zum Aufnähen. Dieses Zeichen tragen mit uns die Frauen in 485 Mitgliedsverbänden, die alle zum Welt-Landfrauenbund gehören. Dadurch lässt sich leicht erkennen : „Ich bin eine Landfrau".

Gegründet wurde der erste landwirtschaftliche Hausfrauenverein 1898 durch Elisabeth Boehm in Rastenburg/Ostpreußen. Es beendete die Benachteiligung der Frauen, besonders die der Bäuerinnen, die vom gesellschaftlichen Leben so gut wie ausgeschlossen waren.

Nach dem Krieg und der Nazi-Herrschaft wurde der „Deutsche Landfrauenbund" neu gegründet. Die kleinste Zelle ist der Ortsverein. Und dem gehören viele Streitberger Frauen an, die 1970 den Ortsverein ins Leben gerufen haben.
Unsere Arbeit begann im Winter 1971 mit dem Vortrag „Gemüse einmal anders kochen".

In der Küche von Thea Werner wurde dies ein großer Erfolg. Da es an einem Dienstag passierte, wählten wir den Dienstag als Vereinstag, was sich bis heute nicht geändert hat.

Dabei wurde dann auch gesungen und die Geselligkeit gepflegt. Die Brauchtumspflege wurde ebenfalls ein wichtiger Bestandteil unserer Treffen.

Wir kochten alte Gerichte, führten vergessene Handarbeiten und Stickereien aus und gingen an viele Vorhaben, die gemeinsam besser zu lösen sind.

Urlaub war noch nicht so verbreitet und so waren Ausflüge mit den Kindern ein besonderes Erlebnis.

Wir übten Musikstücke ein und traten bei vielen Feiern und Festen, sowie Vereinsjubiläen auf. Feste Veranstaltungen kamen im Laufe der Jahre hinzu. Sommer- und Herbstfeste, Bauernmärkte und Weihnachtsfeiern, um nur einige zu nennen. Dabei kommen unsere traditionell selbstgebackenen Kuchen ins Angebot. Jeder Kuchen für sich eine Spezialität und weit über Streitberg hinaus beliebt.

Nach mehr als 25 Jahren, haben sich die Interessen vieler Mitglieder natürlich auch verändert.

So werden heute kulturelle Angebote und Computerkurse bei den Landfrauen angeboten.

Die alten Aufgabenbereiche sind aber deswegen nicht vergessen. Mit Vorträgen über gesundes Ernähren, auch verschiedene Sozialbereiche, wie Familienfragen, werden in Vorträgen angeboten. Die Palette hat sich stark erweitert. Neben den Hilfen, die wir vielen Vereinen auf Anfrage anbieten, sind wir seit einigen Jahren Mitglied der Kinderkrebshilfe. Erlöse aus den unterschiedlichsten Veranstaltungen gehen nach dort, aber auch zu anderen Organisationen.
Für den Nachwuchs tun wir auch einiges, denn unsere Jüngsten sind in einer Tanzgruppe organisiert. Die Älteren, auch die Seniorinnen, betreiben unter Anleitung Gymnastik. Momentan hat unser Verein 61 Mitglieder und wird geführt nach dem Motto :

Einer kann nicht alles –
viele können etwas –
aber alle zusammen können jedoch viel !

Christel Leo,
Streitberg

„Guck' mal, was Papa macht"

Das erste Weihnachtsfest im Westen war eine recht einfache Angelegenheit, mit mehr Wünschen als erfüllt werden konnten.

Zwei Jahre zuvor gab es für mich keine Perspektive in der neu erstandenen anderen Republik mit Namen „DDR". In einem Lager, im Westen von Berlin, konnte ich den Berliner Aufstand miterleben und hatte ebensoviel Angst, wie eigentlich jeder Mensch dieser Zeit. Von Berlin siedelte ich dann in den Westen über.

In Hanau lernte ich meinen späteren Mann kennen, der aus Coswig stammte. In Lieblos bewohnten wir als kleine Familie auch eine kleine Wohnung. Wir lebten dort recht bescheiden bis zum Umzug nach Frankfurt/M.

Das Weihnachtsfest in Frankfurt feierten wir 1958 zu dritt. Und wie das in allen Familien so ist, sollten zumindest die Kinder auch Weihnachtsgeschenke bekommen. Nach und nach ging es uns etwas besser und kleine Aufmerksamkeiten machten Weihnachten tatsächlich zu einem Fest. Trotzdem brachte der Stolz mancher Väter einen kleinen Familienverband mit der Erfüllung der Wünsche in arge Bedrängnis. Warum sollten wir uns da ausnehmen ?

Mein Mann war beseelt davon, dem kleinen Sohn, gerade mal sechs Monate alt, unbedingt eine Modelleisenbahn zu schenken. Koste es, was es wolle. Da war eine große Anstrengung notwendig, ihm das Vorhaben auszureden, ohne die Familie zu spalten und sie gleichzeitig in die Reihen der Hungerleider zu katapultieren.

„Der Junge kann nicht früh genug mit dem Erfindungsreichtum und dem technischen Fortschritt der Menschheit bekannt gemacht werden", bekräftigte mein Mann seine Idee. Mit viel Kompromissen ist es mir gelungen, ihm das auszureden und es auf später zu verschieben. Das Thema konnte ich auf Eis legen, aber nicht vom Tisch fegen.

Da war die Liebe des Vaters zum Sohn und zur Modelleisenbahn auf gleicher Höhe. Und dabei blieb es auch.

Einige Jahre später, es war die Zeit, als der Junge eingeschult wurde, machte der Vater den zweiten Anlauf, der von Erfolg gekrönt wurde. Ein Einbau für die Ewigkeit, denn nur an Weihnachten damit spielen, das kann man nicht verlangen. Es wurde gesägt, geklebt und geschraubt, was das Zeug hielt.

„Guck' mal, was der Papa macht", sagte der Vater stolz zum Sohn. Der Glanz in den Augen des Jungen spiegelte sich wider in den Augen des Vaters. Der Sohn ahnte natürlich nicht, dass die gewaltige Modelllandschaft mit Zug nicht nur für ihn sein würde, denn der Spieltrieb des Vaters wurde mit dem Bau ebenfalls befriedigt.

In der Wohnung, auch nicht wesentlich größer als in Lieblos, wurde im Wohnzimmer eine Ecke dafür vorgesehen, die den ohnehin kleinen Wohnbereich um weitere 1,5 qm verringerte. Die Platte für den Aufbau der Eisenbahn hatte soviel Platz eingenommen, dass ich mir jedes Mal, wenn ich ins Zimmer kam, an einer Ecke der Platte blaue Flecke am Oberschenkel zuzog. Außerdem ging die Tür nur noch bis zur Hälfte auf.

Mit Nachdruck verlangte ich, wenigstens die Ecke abzurunden, damit keine Verletzungsgefahr mehr für mich besteht.

Dafür musste aber der schöne und wuchtige Tannenbaum auf der Ecke der Platte „gefällt" werden. Eine dramatische Situation, denn es würde das Gesamtbild der Modelleisenbahn gewaltig stören und zu einer Reduzierung der Fläche führen.

Aber mein Wunsch sollte letztlich erfüllt werden.

„Ich denke, dass du Recht hast und werde deinen Hinweis in die Praxis umsetzen", sagte mein Mann. Mit verhaltener Freude sah ich mich anerkannt und rücksichtsvoll behandelt.

Zu meinem Entsetzen bekam die Platte aber einen Anbau von etwa 50 Zentimetern, wobei allerdings die eine Seite der Platte als Rundung ausgeführt wurde, wie ich das, allerdings in einer kleineren Version, gewünscht hatte.

Der Tannenbaum, der eigentlich wegfallen sollte, mutierte sich zu einem kleinen Waldstück.

Aber der Wunsch, eine friedliche und zufriedene Familie zu haben, überstrahlte jegliche Pein und innere Wut.

Zumindest Vater und Sohn hatten ihren Spaß, was letztlich auch mich zufrieden stellte.

Elfriede Tzschietzschker
Streitberg

Ein Glühwein in der Schonung

Eine ganz normale Weihnachtsgeschichte, die sicherlich in vielen Familien ihren Ursprung haben dürfte. Die jährlich wiederkehrende Qual der Wahl, den richtigen Weihnachtsbaum zu finden.

Ein Vater aus Leisenwald musste sich dieses Erlebnis, bei einem Becher Glühwein, einfach von der Seele reden.

***

Der 20. Dezember – Rollladen hoch – Regen !

Als ich selbst noch ein Kind war, haben wir um diese Zeit den Schlitten mehr gebraucht, als unsere Gummistiefel und die Regenjacke.

Trotz fehlendem Schneefall wird mit Freude der Baum selbst geschlagen. Es hat den Vorteil, dass die Bäume ganz frisch sind. Und der Spaß, den die ganze Familie dabei hat, sollte nicht vergessen werden.

Außerdem – wer will denn einen dänischen oder norwegischen Weihnachtsbaum im Zimmer stehen haben, der kurz nach dem Aufstellen schon die Nadeln verliert und eine Art Waldboden auf den teuren Teppich zaubert.

Nach vollbrachter Arbeit gibt's einen Glühwein am Lagerfeuer. Man merkt sogar den Regen nicht mehr so doll, und es stellt sich so ein bisschen das Gefühl ein, dass nun doch Weihnachtszeit und bald Heiligabend ist.

Es ist alles freundlich umher, die Sorgen treten in den Hintergrund und auch die Gespräche unter den „Baumfällern" finden in getragener Form und ehrfurchtsvoller Atmosphäre statt.

Wenn da nicht...... - ja, wenn da nicht die jährlich wiederkehrende Qual der Wahl wäre. Die Wahl des geeigneten Weihnachtsbaums. Ihn zu finden wäre an sich noch nicht das Problem, aber die unbedingte und absolut notwendige Teilnahme meiner Anke.

Ein schöner Brauch zudem ist es, dass wir ein Fotoalbum angelegt haben und es ständig pflegen. In ihm werden die Bilder aller Weihnachtsfeste seit Bestehen der Familie eingeklebt. Daran erkennt man, wie oft man schon in seinem Leben durch die Schonung getänzelt ist.

An den ständig größer werdenden Tannen und dem Trend zu elektrischen Kerzen, sowie dem zunehmend bunteren Schmuck im tollsten Design, sieht man auch, wie die Zeit vergeht.

Natürlich wird der Christbaum, geschmückt und ungeschmückt, jedes Mal in seiner ganzen imponierenden Schönheit festgehalten. Mit dem vielsagenden Untertitel: Vorher – nachher !

Die stets wiederkehrende Frage: „Wo ist der Fotoapparat ?", stellte ich, schon traditionell, auch in diesem Jahr wieder. Ich wusste genau, dass der Fotoapparat nach dem Sommerurlaub von mir an der Stelle im Bücherregal platziert wurde, den ich speziell dafür aussuchte.
Meine Suche dauerte bereits zehn Minuten, was natürlich meiner Frau und Tochter Julia nicht verborgen blieb.

Als ich in meiner Verzweiflung anfing, bereits in den Geschirrschrank zu sehen, fragte meine Frau : „Was suchst du da eigentlich?"
Allein diese Frage ist eine grobe Herausforderung.
„Tja ..., eigentlich wollte ich ..... wegen Weihnachtsbaumbildern ...... vielleicht den Fotoapparat ?"
Da geht meine Frau sehr zielstrebig an ihren Nachttisch, sieht in die untere Ablage und sagt gelangweilt : „Da liegt er doch !"
„Vor einigen Wochen lag er aber noch im Bücherregal !"

„Seit ein oder zwei Wochen aber schon hier ! Erinnere dich bitte, dass wir vor zwei Wochen, als Tante Minchen ihr Gipsbein bekam, alle unsere Namen drauf schrieben. Und das hast du im Bild festgehalten. Dann hast du noch Julia aufgenommen, die Bauchschmerzen hatte und so ein ulkiges Gesicht machte. Und da hast du den Fotoapp ... !"

„Warum sollte das ein Grund dafür sein, den Foto nicht wieder ins Bücherregal zu legen ?"

Darüber eine plausible Antwort zu erwarten ist so, als ob man darauf wartet, dass die heiligen drei Könige an der Tür klingeln.

Was soll's, unserer Jagd nach dem geeigneten Weihnachtsbaum konnte nun nichts mehr im Wege stehen. Und immer noch regnete es.

Zum diesjährigen Streifzug durch die Schonung habe ich Julia mitgenommen. Auch sie ist eine Freundin schneller Entschlüsse und sicherlich eine große Hilfe. Mein Sohn Tobias, obwohl etwas älter als Julia, hält sich da immer vornehm zurück, er findet es unwürdig, wenn wir durch die Schonung streifen, um einen Weihnachtsbaum zu suchen. An dem Tag hat er für sich entschieden, den Christbaumständer vorzubereiten.

Was immer man da machen muss, es wurde seine Aufgabe. Eine clevere Entscheidung für die nächsten Jahre. Beneidenswerter Einfall.

Die Fahrt bis zum Waldstück bei Hitzkirchen, mit laufendem Scheibenwischer, macht so depressiv, dass man die letzten zweihundert Meter nur schafft, weil das mit dem Baum eben sein muss. Das Lagerfeuer und die Schafe sind schon von weit zu erkennen. Aber die mögen sich im Regen auch nicht bewegen.

Ich bin also diesmal mit großer Hoffnung, dass alles schnell entschieden wird, auf dem Weg zur Schonung. Dass aber diesmal alles anders, alles viel schlimmer kommen würde, so ziemlich dicht an einer Katastrophe, daran hätte ich nicht einmal im Traum gedacht.

„Papa, schließ die Autotür bitte ab !"

„Warum ? Wir sind doch hier halb im Wald, an einer Schonung, und holen nur einen Baum !"

Julia hat immer Angst, es könnte jemand ihren Walkman vom Rücksitz nehmen. Sie teilt meine Meinung natürlich nicht. Für mich ist es etwas wie eine Vergewaltigung der Ohren, eine Verunglimpfung der großen Komponisten.

Ich weiß, dass das ziemlich subjektiv ist, aber ich übe etwas Distanz zu solcher Musik, die nur kurzer Beliebtheit unterworfen ist.

Zur Weihnachtszeit brauche ich mehr etwas fürs Gemüt.

Julia ist der Meinung, dass Weihnachtslieder von Freddy Quinn nur unter erschwerten Bedingungen in verstaubten Archiven zu finden wären. Und wahrscheinlich würde das Abspielen solcher Musik sogar unter Strafe stehen.

Bergan im rutschigen Gras, regnen tat es immer noch, sind wir am Ziel angekommen. Rund ums Lagerfeuer hat der Bauer Tannenzweige gelegt, die es verhindern, dass man tief in den Boden einsinkt.

Dass meine Schuhe inzwischen trotzdem mit Schlamm verkleidet sind, bringt meine Stimmung etwas ins schwanken. Und dabei bin ich gerade erst aus dem Auto gestiegen. Meine diesbezüglichen Bemerkungen quittiert meine Frau immer mit Augen verdrehen, und kommt mit anderen Überraschungen daher.

„Liebling, hast du die Säge dabei?"

„Natürlich, wie könnte ich die vergessen?"

Anke hat immer eine Frage auf Lager, die sie dann stellt, wenn der Käse bereits gegessen ist.

„Und wo soll die liegen, Papa?"

Meist schließt sich die Frage der Tochter nahtlos an die von Anke an.

„Im Kofferraum, Julia!"

„Im Kofferraum ! Warndreieck – Verbands-
kasten – leere Flaschen – Abschleppseil –
eine Wolldecke ... – ist das ein gebogenes Rohr,
rot angemalt ?"
Die Erklärungen technischer und handwerk-
licher Geräte entwickeln sich immer wieder zum
Erlebnis.
„Das nennt man eine Stahlbügelsäge, Julia !"
„Dann ist die aber nicht dabei !"

Ich befürchtete dies bereits, denn der Satz
meiner Frau : „Wir müssen noch einen Weihnachtsbaum aussuchen", lässt augenblicklich
meine Konzentration schwinden. Und nun fehlt
das wichtigste Utensil.
Ich war vor Freude fast aufgelöst, als ich den
Fotoapparat gefunden hatte, und nun dies !
„Na ja, ich glaube, wir können uns hier auch eine
Säge leihen ! Wenn's sein muss !"
Wenigstens hatte ich meine Arbeitshandschuhe
dabei. Denn ohne die .....

Diese Nerven aufreibende Suche nach einem
geeigneten Baum zieht mich immer wieder in
ihren Bann. Gleich am Anfang der Schonung, ich
hatte tatsächlich eine Säge bekommen, stand
ich vor einem Prachtexemplar, gerade
gewachsen und fast zwei Meter hoch.

Am liebsten hätte ich die Säge angesetzt, denn der Glühwein, traditioneller Lohn nach getaner Arbeit, dampfte bereits.

„Schatz! Das ist er doch. Wunderbare Etagen, gut gewachsen, die tolle Farbe der Nadeln .....! Die Gleichmäßigkeit muss an einem solchen Baum, an diesem Baum, entdeckt worden sein!"

„Mama, guck mal – wie ist denn der?"

Man hatte mir gar nicht zugehört.

„Julia, der hat ja zwei krumme Spitzen! Eine muss weichen, dann steht der Stern aber schief, den du noch oben anbringen willst!"

Die Hoffnung, rasch einen Glühwein zu bekommen, zerschlug sich mal wieder.

Obwohl ich sprungbereit in geringer Entfernung dastand, mit einem prüfenden Blick auf das Sägeblatt gerichtet, wie es nur geübte Heimwerker können, tat sich eine Weile recht wenig.

„Seht mal hier", rief ich.

„Der verschwindet ja in der Wohnzimmerecke", sagte meine Frau.

„Gefällt dir die Farbe, Mama?"

„Eigentlich nicht, allerdings ist er schön dicht gewachsen! Leider ist aber in der Mitte am Stamm ein Knubbel!"

„Meint ihr denn, der Knubbel ist zu sehen, wenn Kugeln, Kerzen, Lametta, Engel, Pferde und Rentiere, Schlitten mit Päckchen drauf und Glaskettchen ..."

Der Blick meiner Frau verhieß nichts Gutes. „Ich sehe den Knubbel", sagte sie endgültig, „und fang bloß nicht an zu drängeln, Liebling! Du bist schon wieder so seltsam unruhig. Wir sehen uns den Baum schließlich 14 Tage lang an."

Das hat was! Neidisch blickte ich auf einen Familienvater, der mir, mit einem Baum unterm Arm, durch die Schonung entgegenkam.

Er grinste richtig mitleidig, denn er kam eine Weile nach uns in die Schonung: „Na, Nachbar, noch nichts gefunden?"

Wir waren zwar Nachbarn, aber ich sehe den Kerl vielleicht..., wahrscheinlich nur vor Weihnachten, in der Schonung. Am liebsten hätte ich dem Kerl zwei stramme Äste aus der Mitte seines Baumes rausgeschnitten.

„Frohe Weihnachten!" Weg war er. Der Duft von Glühwein kam mir durch die Tannen entgegen. Eine Folter für die Geschmacksnerven der Zunge. Inzwischen benutzte ich die geliehene Bügelsäge als Spazierstock.

Die Bäume waren alle zu niedrig, zu hoch, zu dick oder zu breit.

Zu dünn oder zu schmal, schief gewachsen oder ungleich gewachsene Seiten, die Äste zu stark nach oben, nicht gleichmäßig genug ... – genug, es gab einfach keinen Baum.

Ich wagte gar nicht, über einen von den um mich stehenden, ein Urteil abzugeben. Der Glühweingeruch wurde immer stärker. Eine Gemeinheit, denn ich war momentan von dem kleinen Becher warmer Glückseligkeit soweit entfernt, wie der nächste Sandsturm von der Antarktis. Ziemlich resigniert sind wir zum Ausgangspunkt zurückgegangen. Erst kurz vorm Glühwein, dann wieder weg vom Glühwein – dahinter steckt ein gemeines System !
„Mama, jetzt habe ich aber einen tollen Baum – kommt mal her !"
Oh, ich war auch gemeint. Diese Jubelarie von Julia war so stimmgewaltig, dass fast hinter jeder Tanne ein Kopf hochschnellte, neugierig, was da wohl besonderes passiert wäre.

„Helmut, da bist du doch vorhin auch schon vorbei gelaufen – hast du den nicht gesehen ?"
Helmut tat mir leid. Bestimmt ein anderer Nachbar, den ich nicht kannte, fühlte aber mit ihm. Außerdem hatte er nur ein kleines Beil in der Hand. Na, ich weiß nicht.

Julia und meine Frau liefen inzwischen begutachtend Kreise um den Baum. Erfreut erkannte ich ihn wieder. Es war der erste Baum, den ich am Anfang vorstellen wollte, aber nicht gehört wurde. Jetzt musste ich mich taktisch verhalten und sagte nichts.

„Schluss, aus – es wird jetzt nicht mehr lange rumgesucht, der wird genommen – einen besseren gibt es hier doch nicht !"

„Siehst du, Mama, ich habe doch noch einen tollen Baum entdeckt", sagte Julia mit stolzgeschwellter..., na ja, nächstes Jahr.

Ich hätte jetzt triumphierend sagen können, dass es der Baum war, den ich vor etwa einer Stunde bereits als Favorit entdeckte. Aber ich dachte da mehr an meinen Glühwein, den ich gleich in Händen halten würde. Ich genoss meinen Triumph ganz allein in einsamer Stille. Das zeichnet einen Mann aus, dass er etwas für sich behalten kann.

„Kann ich den jetzt absägen ?", fragte ich ohne übersteigerte Begeisterung !

„Klar, Schatz, außerdem haben wir uns jetzt einen Glühwein verdient !"

„Wir" sagte ich zu dem Baum, grinste ihn an wie einen alten Freund, und schritt zur Tat.

Dass ich dabei vor dem Baum knien musste, lag daran, dass die Zweige bis dicht auf den Boden hingen und ich den Stamm finden musste.

Und dabei kniete ich mich ausgerechnet in die ziemlich frische Losung eines Hirsches, der wohl Magenprobleme hatte – so dünn war alles. Warum wurde ausgerechnet meine Geduld so arg bestraft ?

Fast wäre uns bei dem ganzen Tannenbaum-stress noch der unverzeihliche Fehler unterlaufen, von dem Baum vor Ort das obligate Foto zu vergessen. Wieso sage ich eigentlich uns ? Das ist allein meine Aufgabe.

Endlich war der Baum gefunden, bezahlt und in einem Netz gebändigt, zum Abtransport an den Zaun gestellt.

Und endlich hielt ich meinen Glühwein in den Händen. Ich hatte natürlich bei dem Regen – zeitweise, zugegeben, ziemlich gefroren. So nahm ich die Gelegenheit wahr, drei Becher dieses köstlichen Glühweins zu genießen. Meine Frau meinte natürlich, dass es so kalt nun auch wieder nicht sei.

DER GROSSE TAG

Am Heiligen Abend hatte ich kurz vor Mittag den Baum vom Balkon geholt, das Netz zertrennt, damit der Baum sich in voller Pracht entfalten konnte.

Als ich ihn in den Ständer stellen wollte, stockte mir der Atem. Er war es nicht !

Es war ein anderer Baum. Ich hatte ihn, dort wo alle ihren Baum abstellten, vertauscht. Wie konnte mir das passieren ?

Glühwein ? Drei Becher und schon betrunken ? Ach was ! Ich wagte gar nicht zu atmen.

Ich brachte den Baum mit Ständer ins Wohnzimmer, zur weiteren Bearbeitung, ohne mich großartig bemerkbar zu machen. Schmücken ist nicht mein Ding. Aber Julia und ihre Mutter waren da ganz große Könner.

Nach zwei Stunden bin ich dann etwas besorgt nach oben gegangen, um mal nachzusehen, warum ich so lange nichts gehört hatte. Ich war auf böse und beleidigte Gesichter gefasst, auf eine weinende Tochter und entsetzte Ehefrau und feilte schon an meiner Entschuldigung.

Julia und meine Frau standen aber mit glänzenden Augen vor dem geschmückten Baum.

Tobias lobte sich wieder selbst, da sich der Ständer wieder in tadellosem Zustand präsentierte. Eine Änderung zum letzten Jahr konnte ich nicht feststellen. Nur sein Gesicht machte mir etwas Sorge, denn er blickte so fragend den Baum an.

„Ist der nicht schön geworden ? Super, so alles in Lila - Papa, sag doch mal !"
„Wunderbar - ihr seid richtige Künstler. Nie hätte ich gedacht, dass man aus einem Baum ... , wie diesem jedenfalls, so etwas Tolles machen kann !"
Irgendwie sah ich mich bestätigt, dass der Schmuck die Schönheit des Baumes ausmacht, denn der hatte *mir* nicht mal gefallen - so im Rohzustand !
„Papa, jetzt müssen wir nur noch das Foto vom Baum machen !"
„Und wo, bitte schön, ist der ... ?"

Julia und meine Frau schlugen wie auf Kommando ihre Hände vors Gesicht.
Dieser Weihnachtsbaum war einer der schönsten in den vergangenen Jahren. Ob das im nächsten Jahr noch zu überbieten geht ? Meine Angst, vor der Qual der Wahl, wird sich erst ganz langsam wieder aufbauen.

„Tobias, nächstes Jahr machen wir mal einen Jobtausch", sagte ich zum Sohnemann.

„Du wirst dich zum ersten Mal bei der Baumsuche bewähren, mit Julia und Mama. Dafür werde ich die anstrengende Tätigkeit der Baumständerpflege übernehmen !"

Heruntergezogene Mundwinkel und gekniffene Augen waren nicht gerade der Ausdruck von Vorfreude. Außerdem signalisierte es mir für das nächste Jahr eine nicht so aufreibende Tätigkeit. Nur den Glühwein werde ich mir wohl selbst machen müssen.

Nacherzählt von Eberhard Traum,
Schlierbach

Weihnachtszauber

Spürst Du es auch, um Dich ein leiser Hauch ?
Du kannst es fühlen – nicht sehen,
es ist wie ein leises Wehen.

Jedes Jahr zur gleichen Zeit,
macht Glück und Freude sich breit.
Wehmut und Trauer stellen sich ein,
Angst vor dem allein gelassen sein.

Weihnachten steht vor der Tür,
öffne Dein Herz, werde still in Dir.
Gib Hektik und Hass keinen Raum,
Friede kehrt in Dich, Du merkst es kaum.
Ein Licht ist's, was den Zauber bringt,
wodurch alles in uns dankbar singt.

Ein Licht in der Heiligen Nacht,
als der Herr uns ein Kind gebracht.
Das Kind in der Krippe macht uns alle gleich,
es zeigt uns den Weg ins ewige Reich.
Herr, schicke Weihnachtszauber in jedes Heim,
Herr, lass Weihnachtsfrieden bei jedem sein.

Sigrid Schindler,
Schlierbach

Nachweis der Sprüche aus der Geschichte
„Der Mund" :

Seite 68 – Salomon, Kap. 25 / 9-10
Seite 70 – Salomon, Kap. 26 / 20
Seite 72 – Salomon, Kap. 24 / 1-2
Seite 73 – Salomon, Kap. 12 / 18
Seite 74 – Salomon, Kap. 10 / 19